上一堂灵魂渗着香的课

何哲慧◎主编

课堂教学转型丛书
丛书主编　杨四耕

华东师范大学出版社

图书在版编目(CIP)数据

上一堂灵魂渗着香的课/何哲慧主编. 一上海:华东师范大学出版社,2015.6

(课堂教学转型丛书)

ISBN 978-7-5675-3675-3

Ⅰ.①上… Ⅱ.①何… Ⅲ.①课堂教学-教学研究 Ⅳ.①G424.21

中国版本图书馆CIP数据核字(2015)第134762号

课堂教学转型丛书

上一堂灵魂渗着香的课

丛书主编 杨四耕
主　　编 何哲慧
责任编辑 刘　佳
审读编辑 朱莎莎
责任校对 胡　静
装帧设计 卢晓红

出版发行 华东师范大学出版社
社　　址 上海市中山北路3663号 邮编 200062
网　　址 www.ecnupress.com.cn
电　　话 021-60821666 行政传真 021-62572105
客服电话 021-62865537 门市(邮购)电话 021-62869887
地　　址 上海市中山北路3663号华东师范大学校内先锋路口
网　　店 http://hdsdcbs.tmall.com

印 刷 者 苏州美柯乐制版印务有限公司
开　　本 787×1092 16开
印　　张 17.25
字　　数 248千字
版　　次 2015年9月第1版
印　　次 2016年2月第2次
书　　号 ISBN 978-7-5675-3675-3/G·8376
定　　价 36.00元

出 版 人 王 焰

写在前面

课堂是一种态度，与知识无关

我一直以为，教育分两种，一是关涉幸福的教育，二是无关幸福的教育。当我们的父母被问道：你们对孩子有什么愿望吗？父母们经常会回答：我们希望孩子幸福。然而，在现实生活中，幸福却很少作为教育目的来实践。

幸福之外无教育。很多时候，我们做了许多与幸福无关的事情，回过头来看，似乎没有必要。教育就其本性来说，就是帮助孩子们充分发展幸福能力。当然，幸福不是简单的快乐，而是恒久的心灵能量。心情，是一种感性状态；而心灵，则是一种精神内存，必要的时候可以自然绽放。弗洛伊德建议我们谨记：把幸福理解为快乐必定是插曲式的，没有永恒的高潮。因此，我们似乎可以说：心灵比心情更重要。

尽管课程改革持续推进了十多年，但我们的课堂教学似乎"风景依旧"。有人敏锐地指出今天的课堂教学三大问题：一是大量的机械训练仍普遍存在，日益侵蚀着人的创造性；二是不关心知识的来龙去脉与相互联系，这使我们丧失了复杂情境下思维灵活性的基础；三是不珍惜新知识带来的新情境，这使我们一次又一次丢失了独立思考和探究新问题的绝好机会。（余慧娟：《教学改革的方向性思考》，《人民教育》2011 年第 1 期）的确，我们的课堂教学潜隐着巨大的危机——被学习，被作业，被探究，被合作，被自主，被活动，被评价，被生活……如此，你们说，孩子们能幸福吗？你们说，学校能培养出杰出人才吗？你们说，我们有美好的未来吗？

让一个人有尊严地、自由地生长，理应成为课堂教学改革的期许。我们必须明白，任何空洞、抽象的教学理念和主张，或是粗浅、简单的教学模式和方法都不能根本性地改变我们的课堂教学。课堂教学改革无论采取何种途径和方式，最终都必须回到“教育即解放”这一原点上来。为此，我们需要认真思考“学习知识与激发想象”、“讲授道理与发展理性”、“理解规范与鼓励崇高”、“掌握技艺与丰富经历”、“强化记忆与温暖心灵”、“发展智能与强健身心”、“预知未来与点亮人生”之间的内在逻辑，深度理解其中的转化机理，并以此来把握课堂教学转型的价值取向。

培根说：知识就是力量。我以为，这话只说对了一半。今天的课堂教学过于强调“知识之教”，而忽视了“思想之教”；过于追求“结果之教”，而轻视了“过程之教”；过于注重“有用之教”，而忽略了“无用之教”，不懂得“无用之用方为大用”之道。十八世纪法国最伟大的启蒙思想家卢梭曾提出，儿童教育最重要的原则就是要浪费时间。儿童需要做梦、需要犯傻，需要慢慢地长大，很多时候我们不能急功近利。这种看上去的“浪费”，为儿童赢得了成长的时空。那种“不要输在起跑线上”，恨不得把每一分钟都利用起来的做法，实际上是惊扰了孩子们的梦，其本质是浮躁。我以为，对孩子们的成长来说，见识比知识更重要，思想着比思想更有价值。从根本上看，见识是人的存在方式，思想着是人的精神常态。只有让孩子们“思想着”，才能让他们成为“思想者”，才有可能让他们成为“思想家”！

荷尔德林曾经说过：“人，诗意地栖居在大地上。”这句话可以表征为教育的一种至纯追求。课堂教学转型就其方向而言，应把“人”放在中央，给人一种享受，一种共鸣，一种启迪。都说，一个人没有知识是可怕的，但更可怕的恐怕是一个人被知识武装得坚不可摧！当我们的教师满怀一颗诗意的心走进教室，用真善美去感召孩子们的时候，课堂教学就不再是简单的传递、机械的授受，而是情感的孕育、智慧的生成、生命的享受，让我们彼此的心跳、心灵的舞动有着共同的节律……

在特定意义上，课堂是一种态度，与知识无关。今天的课堂教学改革，在理论上需要确定从“教学认识论”到“教学诠释学”的思维转向，并由此带动实践的转型。课堂教学不仅仅需要关注教学各个环节的“设计”，更需要关注教学大格局的“策划”。这样，我们才能“把课堂打造成梦的样子”；这样，我们才能“上一堂灵魂渗着香的课”；这样，我们才能让“每一间教室都有梦”，让孩子们内心充满希望；这样，课堂才能“春暖花开”，实现从“学习知识”到“丰富经历”的华丽转身；这样，我们的课堂才会“触及灵魂”，充满“磁性”；这样，我们才有可能“突破平面学习”的局限，把课堂“翻转”过来，实现“在这里自由呼吸”的追求；这样，我们才有可能寻找到“课堂教学的文化基因”，让“课堂，静待花开”；这样，我们的课堂才有“聚餐的味道”，才会是“思想的盛宴，别样的课堂”；这样，我们才能“让思维生长出来”，让“每一种意见都很重要”……总之，课堂确实是一种态度，与幸福关联。

课堂教学转型丛书传播的是民间的声音。因为工作关系，我与国内一批学校进行过多方面的合作研究。这些学校办学卓有成效，他们对我而言，是一种营养，是一种财富。这些年，我们一起走过，我们的智慧碰撞与思想启迪，是草根的，但越是草根的，才越彰显出生长之本性！感谢这些学校的校长和老师，是你们让我觉得一路不孤单！

感谢华东师范大学出版社领导和编辑对我们研究成果的关注，虽然我们的研究只是一些很感性的东西，但关注是一种分享，一种纪念，一种安慰，对我们来说，弥足珍贵！

亲爱的读者，我们期盼您提出宝贵的意见和建议，我们的邮箱 pujiaosuo@163.com 欢迎您的来信！

杨四耕

2015 年 6 月 1 日识于上海静竹斋

目 录

语文是浪漫的,语文学习是浪漫的,语文课堂是浪漫的。引领孩子走进民族与世界、古代与现代思想文化的宝库,与古今中外的小说家、剧作家、诗人、散文家进行心灵的交流、精神的对话。在有声有色有思想有韵味的语言世界里流连忘返,透过美的语言你窥见的是美的心灵、美的世界,内在的智慧、思考力、想象力、审美力、批判力和创造力都被一一开发出来。

红色、橙色、黄色……这些不同的色彩点缀着我们这个斑斓的世界，不同的色彩同样点缀着我们多姿的人生，不同的色彩更是编织了我们多彩的数学课堂。在这里，会员积分卡、打折卡、拍卖券等这些孩子们见过、但未曾拥有的物品，已不再是成人世界的专属品；色彩鲜艳、图文并茂的精美板书，已不再是美术老师的专长；悦耳动听的音律也不再是音乐老师的专利……在这样的数学课堂里，孩子们只需轻松地与“暖色调”来次亲密接触，让学习数学的温度在孩子心间环绕，就能让数学不再冷漠。

儿童的英语是富有韵味的，儿童的英语是富有童趣的，儿童的英语课堂是富有童味的。站在儿童的立场上，引领他们以儿童的眼光观察生活，以儿童的语言表达生活，以儿童的感觉感受生活，以儿童的思维理解生活，以儿童的情感享受生活，从而成就属于学生自己的具有“儿童味”的英语世界。

语文学习是本色本心的学习,追寻人之本心,追寻语文之本心,追寻教育之本心。摒弃浮华,扎实地学、自然地学、从容地学。引领孩子与文本、与内心进行思想的交流、智慧的碰撞、心灵的感悟、感情的迸发,从而达到思想的敞亮和自由。

想象是智力活动的翅膀,是智力活动富有创造性的重要条件,数学想象是数学思维探索的翅膀。爱因斯坦说:“想象比知识更重要,因为知识是有限的,而想象可以包罗整个宇宙。”想象在教学中为学生搭建了通往数学本质认识的桥梁,使学生能够真正理解数学。在潜移默化中,激发学生借助已有的数学知识发挥想象,培养学生的创新意识,让孩子们一生在数学的道路上越走越远,学终身受用的数学!

创造力和想象力是人类独有的才能,是人类智慧的生命线。在探索新知识的过程中,想象力是一切希望和灵感的源泉。而每个孩子都是极具创造力和想象力的天才,孩子们天马行空的 ideas 应该在英语课堂上飞翔,孩子们稀奇古怪的 ideas 应该在英语课堂上流淌,孩子们无拘无束的 ideas 应该在英语课堂上徜徉……英语课堂让孩子们的 ideas 成为可贵的创造力和想象力的火花。

淳语文,追求扎扎实实地利用文本,品读那一个个方正大气的汉字,感受作者遣词造句、行文思路、布局谋篇的“言语智慧”;淳语文,追求真真切切地对话文本,润物无声地汲取知识，升华情感，感受文本散发的浓浓香气。淳语文，让孩子陶醉阅读，自觉地得意、得言、得法，达到自我发现、自我愉悦、自我充实。

心智数学是一种借助于内部言语进行的认知活动，包括感知、记忆、思维和想象等心理成分，并且以思维为其主要活动成分。数学的学习过程，是不断提升学生思维能力和实践能力的过程。在数学教学过程中，只有不断为学生提供广阔的思维空间，让学生的思维灵动起来，我们的数学课堂才会充满无穷的活力，教学活动才会取得事半功倍的效果。

“潮”代表的是一种时尚,一种引领创新的精神。“潮”体育就是对创新精神的实践。体育的本源是“重在参与”,是“更高、更快、更强”。体育项目的本源是民间传统项目的演变,“潮”体育要做的就是嫁接传统体育项目与现代体育教学,使传统体育项目在现代体育教学中得以衍生和升华。使一些优秀的传统体育文化项目得到传承与发扬,让体育课更丰富、更精彩、更受学生喜爱。

教育是一个慢活、细活,是生命潜移默化的过程。所谓“润物细无声”,教育的变化是极其缓慢、细微的,它需要生命的沉潜,需要深耕细作式的关注与规范。语文教学更是如此,慢语文,是摒弃了急功近利的自然之道,是摆脱了忙碌浮躁后的宁静之态,是拒绝了肤浅平庸后的深刻之美。

第 11 堂课 靓英语:让课堂绚丽多彩 121

英语是什么颜色的?她是争先恐后的姹紫嫣红,是思维碰撞的碧波万顷,是翱翔天际的蔚蓝透明,亦或是娓娓道来的纯白无瑕。是的,英语是五彩的,那么英语课堂也应该是斑斓的。开启智慧的天窗,插上想象的翅膀,走进绚丽的英语课堂,你能窥见一个别有洞天的"靓"世界。

第 12 堂课 情致语文:为课堂添一缕诗意情韵 132

有人这样说过:"语文的味道是回家。"此言极是!语文教育的真谛正是诗意本质的回归。我们应积极学习王崧舟、李吉林、刘建琮等前辈的教学经验,在备课、教学和反思等环节中融入自己对语文精神、学生学情的理解,提升自己的语文教学境界,为课堂添一缕诗意情韵。

数学是严谨的,数学学习中孩子做错题是一个普遍现象,错题教学成为常态教学的重要组成部分。试误来源于学习活动本身,是学生学习情况及学习思维的真实再现,是一种宝贵的生成性教学资源。我们善待这些"学习错误"资源,引导孩子从错误中比较、分析、争辩、反思,把错误化为一次新的学习契机,就可变"废"为"宝",让错误发挥潜在的尚未发掘的价值。善待错误,巧抓意外,演绎别样精彩的数学课堂。

为什么学生对数学不感兴趣?为什么有的孩子害怕学习数学?为什么我们的孩子会感到学不好数学?他们喜欢用怎样的方式学数学?学数学,并不等于就是去记数学、背数学、练数学、考数学,而更应该是“做数学”。“我听说了,就忘了;我看见了,就领会了;我做过了,就理解了”深刻地揭示了“探求的意义在于经历”。听过会忘,看能记住,做才能理解!

英语是活的,它可以像一股清泉流淌在学生的心中,让学生在学习语言、运用语言的同时体验情感;英语是美的,它可以像一朵花儿一样绽放在学生的心中,让学生在学习语言、运用语言的同时体验美感。英语的体验不仅隐含在话题文本、图片中,还隐含在学习过程的推进中。透过语言的体验,你窥见的是春暖花开的美景。

有人说:“真正的学校,应该是一个思维的王国。”语文课堂也应该是一个思维的王国,无论它是“沸沸扬扬”抑或是“波澜不惊”,只有当我们用语言的钥匙开启学生思维的大门时,智慧的阳光才会照进语文的课堂,让我们的课堂温暖如春。

法国教育家椤思多恩说得好:“我们认为教学艺术不在于传授的本领,而在于激励、唤醒、鼓舞……”课堂应向每一个学生敞开热情的怀抱,点燃每一个学生智慧的火花,激活学生的思维,释放他们的活力和朝气,让童心在“动感”的音乐课堂中自由翱翔。

英语教学是一门艺术,混合的艺术。成熟教师会有自己较为固定的英语教学模式和风格,但是,在混合英语中,永远会有着一个新鲜活泼的未知元素 X,因为这一点的混合而产生未知的惊喜和期待,让整堂课与从前不同,与他人不同起来。保留主流教学的重点因素(Main),考虑自身特色及学生实际(Involve),混合相应最适合的因素(X),就是拥有独有节奏的混合英语。

英语作为一门语言,是供人使用的,而语言的使用是一种约定俗成的习惯。我们从小就会使用母语,这就是与生俱来的一种语言习惯。英语的学习,是人的语言本能的一种延伸和拓展。让它成为我们的第二母语,能够灵活运用、脱口而出,这将是英语学习的最高境界。所以英语教学要返璞归真,让学习像呼吸一样自然。

"灵动美术"课堂是和谐的课堂,是充满活力、激情奔放的课堂,是闪耀着师生智慧光芒的课堂。教师在教学中关注学生主体的情感需求,着力建构开放的、充满灵动的课堂,给学生发挥主观能动性的时间和空间,以激发学生求知欲,开启学生在课堂上的活力,让学生把学习看成是一件乐事,当成是一种享受,使每个学生都能在快乐中得到发展。

数学，虽没有语文的神采飞扬、曲折动人，没有英语的异国风情、灵动浪漫，但其亦有打动人心的独特之美，如对称美、排列美、整齐美、简约美，更有激发学生思考，促进学生思维发展的神奇之美。学起于思，思源于疑。问题的出现可以使孩子们的思维跳舞，让他们尽情地去想象、思考和体会“条条大道通罗马”的神奇，去感受“众里寻他千百度，那人却在灯火阑珊处”的轻松，去寻找“山重水复疑无路，柳暗花明又一村”的成功。

序

呼唤多样化的教学主张

教师在课堂里的教学行为是十分自主的，因此教师的专业素养显得非常重要，而所有的教学行为又会被教师内在的核心教育价值理念所主导，形成种种有层次的教学主张，并通过教学行为在学生身上产生存在很大差异的教育效应。正确的教育价值观不一定有唯一的标准答案，但以人为本、促进学生全面而有个性的发展显然是很重要的内容。仔细阅读了奉贤教院附小老师们的《我的教学主张》，虽然教师们的教学主张千差万别，但其教育的核心价值和情怀，都深刻地体现了这一点。

学校鼓励教师们提炼自己的教学主张，实际上是主动促使教师们去思考教育价值和教育教学的方法，从而“将教师专业素养中的教师主体性和教师的成熟理性有机结合在一起，唤醒教师的内在精神，突出了教师个人知识的价值”。应该说这是一种十分有效的以校为本的教师专业发展路径。教师有了自己稳定的教学主张，就会形成一套独特的教学方法；每个教师形成了不同的教学方法，学生就会面对丰富多彩的课堂教学文化；而丰富多彩的课堂教学文化，就是学校的校园文化的核心部分，对学生和教师的发展产生重要的影响力。

教师的教学主张，不是一堂课的设计思路，也不是一个教育理念，而是一种稳定的思维方式和行为方式，特别注重教学主张后面的行为表现，特别注重知行合一和实践性，因此教师的教学主张应该是一种实践智慧，应该求科学、求实效，不求第一、不求唯一，哪怕是别人说过的、做过的，只要是符合教育规律和自身特点，也应该勇敢地去主张和实践。奉贤教院附小老师们呈现的21个教学主张，各有特点，体现了实践性和教师的个性特质，非常值得肯定。

当然，就我个人的理解来看，书中有些教学主张还需要凝练，如果一个教学主张更像一种教育教学理念，那么在实践中还是找不到靠谱的、相对稳定的教学方法。我比较推崇像“慢语文”、“做数学”等提法："慢"，相对于我们总是追求“快”的教育而言，就是一个有特点的主张，其背后有对语文教育较为深刻的理解和可实施的教学方法；“做数学”是一种新的数学教学流派，体现了数学的实用性和具象性，一方面体现了教师对数学独到的理解，另一方面也呈现了教学行为的典型特征。因此，如果一个教学主张，能够又体现教师对学科教学的理解，又体现教师的教学行为特质，那么这样的提炼才能称得上真正意义上的教学主张。相信奉贤教院附小的老师们一定会孜孜不倦地追求，在形成正确的教育价值观同时，产生更多样更精彩的教学主张。

上海市奉贤区人民政府副区长、上海市特级教师　倪闽景

2015年2月23日

闻香识课堂

沏一杯淡淡香茗，铺展尺幅软笺，在氤氲的茗香中，轻蘸温墨，挥毫畅书，让朴素的课堂因香而独特。

课堂应有灵魂，缱绻着入骨的执着，散发着迷人的沁香。一捧香茗，一卷诗书，在这茗香与书香中，每一位教育者的灵魂开始渗出沁香，让教育充满温馨与快乐，让教育者内在得到提升。师者如兰，以真心诠释人性之美，如兰之芬芳，香远益清；师者如莲，出淤泥而不染，不蔓不枝，亭亭净植；师者如梅，芳香馥郁，雍容典雅，不畏严寒独自开。光阴缓缓，思绪潺潺，教师追寻着一念信仰，积淀着一色风采。他们的课堂香气越发醇厚，彰显着有价值的生命质感。

八年积淀，学校涌现了一批有着灵魂信仰的教师。他们不甘心于单调重复的教学生活，不执念于一成不变的规范要求，勇于创新，敢于实践，激发内驱力，成为自身专业发展的主人，也成就了学校持续发展的源泉。学校解放思想，问需于师，问计于师，为每一个教师的自我实现需求创造平台，鼓励教师明确自己的发展目标，自主寻找发展的途径和方法，自己制定专业发展规划，自己寻找跨区跨省市的专业引领对象，自己组建专业发展团队，逐步在专业发展的过程中主动追求教学主张，为专业发展提供灵魂支撑。于是，他们的灵魂开始绽放自己的色彩，酝酿出自己的香味。

在这个芳香四溢的课堂上，有的如玫瑰香，浪漫甜蜜；有的如茉莉香，恬静淡雅；有的如雏菊香，清新自然；有的如百合香，浓郁高贵。每位教育者在自己的课堂上散发出自己灵魂深处的香味，有了教学真谛的见解，有了教育梦想的悸动，有了灵魂渗着香的唯美……于是我们有了“本心语文”、“浪漫语文”、“想象数学”、“多彩数学”、“童味英语”、“靓英语”、“潮体育”等几十种教学主张。这些教学主张打开了教师专业发展的心智之门，将教师专业素养中的教师主体性和教师的成熟理性有机结合在一起，唤醒了教师的内在精神，突出了教师个人知识的价值，凸显了教师个人的实践和思考对于教学理论的选择、应用和创造作用，能够推动教师对自己日常教学活动进行深入感受、自我反思、批判创新，超越现有理论和固有经验的限制和束缚，不断拓展专业发展的宽度和深度，从而达到理智的澄明。不一样的教师，不一样的见解，不一样的智慧，但是都渗着自己独特的香味。

一堂有灵魂香味的课堂，是教师教育理念的价值追求。拈一抹清香，听一行花语，在追寻教学主张的过程中，教师形成了自我超越的意识。教师不能只是停留于对教育理想的热切向往、满足于理论的启蒙和理念的建构，还应该建立一种全新的教学生活方式，触及教学生活的内在结构，提出问题、思考问题、解决问题，从而提升自己的问题意识。如在黄梅红老师提出的“试误数学”中，教师蹲下身来看孩子在学习过程中的错误，巧妙地捕捉孩子的错误来反思自己的教学，从而发现这些错误背后蕴含的创新意识和数学价值。每一个主张的产生，都是在不断的验证中由“实然”走向“应然”，渐渐地，一份明朗，溢于心底，一份独有的静雅，在心底悄然开花，独守属于自己的那一抹幽香。

一堂有灵魂香味的课堂，是教师专业发展的风格体现。宋朝词人李清照曾写道：东篱把酒黄昏后，有暗香盈袖。专业发展就好比这暗香，不仅盈袖，更是充斥在教师的周围。在追寻教学主张的过程中，教师发出了属于自己的声音。教学主张熔铸了教师个人的理想、信念、情感和意志，表达了教师对于教学的真切希望，是教师学科话语权和专业价值的体现。一个拥有主张的教师，是一个有着自己的教学追求的人，他们以教学主张为价值取向，引领和保证教学活动的正确方向，促进教学实践的突破，使教学实践成为一种价值指导的实践。如在张春艳老师提出的“多彩数学”里，教师利用自己的教学智慧把数学课堂装扮成以暖色调为基调的课堂，这样的课堂鲜明地改观了传统数学给孩子们的冷感，让数学学习变得更有趣、有味、有感。正是在这样的过程中，教师在创造中诗意地栖居，享受专业人生的幸福。

一堂有灵魂香味的课堂，是学生自主发展的个性平台。闻香识人，但香也要适人。悄悄地，教师学会了倾听学生的声音；静静地，教师收获了花开绽放的清香。在学业质量绿色指标背景下，教师专业发展的最高境界和终极价值聚焦在学生的发展。作为一所新优质学校，我们关注学生，倾听学生，追求学生心灵圆满，着力为学生提供丰富多元的学习情境，为学生适应未来生活做好准备。如在许娇娇老师主张的“童味英语”里，教师站在儿童的立场上，引领学生以儿童的眼光观察生活，以儿童的语言表达生活，以儿童的感觉感受生活，以儿童的思维理解生活，以儿童的情感享受生活，从而成就属于学生自己的具有儿童味的英语课堂。可见，教师尊重孩子的思想和感悟，追寻教育之本心，遵循儿童成长的客观规律，不盲目求成，不迎合潮流，让孩子的思想绽放出自由的花朵。

真正的教育是一棵树摇动另一棵树，一个灵魂唤醒另一个灵魂，一个生命点燃另一个生命。教学主张让每一个教师的发展需求都被点燃，每一个教师都超越规范自主形成自己的风格特色，充分彰显了自主的内在潜能和专业生命。一辈子只做一件事，并且全力做好这件事，这样的教师才能在职业生涯中触摸到教育的幸福。

教育的灵魂是挥不去的沁香，愿所有教师执着于此沁香终不变，纵然容颜老去，银丝三千，亦无怨无悔！

何哲慧

浪漫语文：让儿童诗意地栖居

语文是浪漫的，语文学习是浪漫的，语文课堂是浪漫的。引领孩子走进民族与世界、古代与现代思想文化的宝库，与古今中外的小说家、剧作家、诗人、散文家进行心灵的交流、精神的对话。在有声有色有思想有韵味的语言世界里流连忘返，透过美的语言你窥见的是美的心灵、美的世界、内在的智慧、思考力、想象力、审美力、批判力和创造力都被一一开发出来。

【灵魂渗香】 浪漫语文：让儿童诗意地栖居

【课堂全景】 《天上偷来的火种》

【思想穿行】 激趣导入——整体感知——品读感悟——想象内化——拓展延伸

【精彩瞬间】 让儿童在文本中穿行

【灵魂渗香】 浪漫语文:让儿童诗意地栖居

在传统的小学语文教学中,语文的“工具性”占有了相当大的成分。往往是教师画好了一个圆,让孩子们的思维局限在圆内,不得越雷池半步,仿佛孙悟空给唐僧画的那个圈儿。也许正是这个圈儿限制了孩子的思维,让孩子在丰富多彩的语文世界里举步维艰。孩子除了语文考试分数外,显然失去了思维的灵性,失去了对语言的积极感悟。

近年来,针对传统小学语文教学的缺陷,语文新课标提出了小学语文应该是“工具性”与“人文性”相结合。于是,小学语文教学由封闭走向开放、由单一感悟走向多元感悟、由课堂语文走向生活语文;一段时期以来,“大语文”的声浪此起彼伏,由一个高潮走向另一个高潮。这样,孩子的语文灵性恢复了、视野开阔了、教师教得轻松了、孩子也学得愉快了。

正当我们津津乐道地谈论小学语文的“成果”时,猛然回头,新的问题出现了:孩子们的语文学习就像浮在大海上的一座美丽的城堡,只有美丽的外表,没有扎实的根基。基础知识不落实不到位,字不会写、语句不通顺、对字词句的理解离题千里;对文章的解读不求甚解;作文任意驰骋,没有现实的生活情感为源泉。

我作为一名小学语文教师,有过探索,也有过迷茫。当我们在语文世界里求索太久,蓦然回首,会发现回归教育的本源才应是我们教师教学的最终追求。因此,我主张“浪漫语文”。“浪漫”一词,《辞海》中这样诠释:富有诗意、充满幻想、不拘小节……语文天生是浪漫的,语文学习是浪漫的,语文课堂是浪漫的。

一、丰富多彩悟语文——追求浪漫的语言

小学“浪漫语文”，培养孩子丰富的想象力和浪漫的情怀，就必然涉及美妙的情景在孩子脑海里形成这个心理过程。现在要商讨和斟酌的是，在孩子脑海里产生这种美妙情景的源泉是什么？音乐教育，源泉来自美妙的音乐；美术教育，源泉来自美丽的图画；语文教育，就应该来自于美妙的语言文字。只有通过对语言文字的感悟而产生的景物和情怀，才是语文教育的根本。因此，小学“浪漫语文”主要载体应该是美妙的语言文字。

由此可见，语文教育的本色是浪漫的。语文课堂教学过程是一个引领孩子沿着语言文字的轨迹航行的过程，在此过程中，鼓励孩子沉浸于美妙的语言文字，然后把语言文字化作美丽的情景；鼓励孩子大胆的想象，然后用语言文字把自己的想象表达出来。这样教师、孩子的感情和认识会不断地接近、迁移文本，从而最终实现教师、孩子和文本之间的心灵、情感的对话和共鸣。

小而言之，如教散文《家乡的桥》时，老师使用这样的课件：伴随着深情的朗读与动人的音乐，一幅幅优美的图画出现在显示屏上，脉脉的流水，古朴的石桥，作者笔下那清晰美丽的景色细致入微地展现在孩子面前。孩子仿佛跟随作者来到了故乡，完全融入了诗情画意之中，作者那淡淡的忧愁交织淡淡的喜悦的情绪也感染了孩子，使得语文课堂充满了浪漫气息。利用多媒体手段营造的这种教学氛围，充分调动了孩子的思维活动和情感体验，引起了孩子的共鸣，语文课堂因诗意而变得浪漫，孩子的思想也因浪漫而得以自由驰骋。

广而言之，在语文课堂上，以文本为载体，打破时空的界限，把孩子引入各种美妙的境界。课本里自然景物是由多种色彩、各样形态和多样声音和谐构成的。如《火烧云》中的这段描写：“一会儿，天空出现一匹马，马头向南，马尾向西。马是跪着的，像等人骑上它的背，它才站起来似的。过了两三秒钟，那匹马大起来了，马腿伸开了，脖子也长了，尾巴可不见了。看的人正在寻找马尾巴，那匹马变模糊了。”这段描写富于变

化，富于动感，给人以变幻莫测之感。如《观潮》中的："午后一点左右，从远处传来隆隆的响声，好像闷雷滚动。顿时人声鼎沸……过了一会儿，响声越来越大……浪潮越来越近，犹如千万匹白色战马齐头并进，浩浩荡荡地飞奔而来；那声音如同山崩地裂，好像大地都被震得颤动起来。"这段描写动人心魄，令人鼓舞。

课本里的人物的节操之美，如《我的"自白"书》："任脚下响着沉重的铁镣，任你把皮鞭举得高高，我不需要什么自由，哪怕胸口对着带血的刺刀！"表现了革命烈士陈然的不屈精神。低年级课文中所选的几首古诗儿歌《小池》、《咏柳》、《雪地里的小画家》等也以和谐的音韵美和鲜明的节奏感为孩子提供了极佳的语言范例。再如《桂林山水》、《荷花》等美文中优美的形式和鲜活生动的语句散发出语言艺术的瑰丽光彩。而童话、寓言、小说中意蕴深刻的句子往往具有一种深沉而含蓄的美，如《卖火柴的小女孩》中写道："她们俩在光明和快乐中飞走了，越飞越高，飞到那没有寒冷，没有饥饿，也没有痛苦的地方去了。"只有认真读、细细想，才能领会出那含蓄、深沉的意境美来。

语文教学是浪漫的，语文学习是一个享受的过程。引领孩子走进民族与世界、古代与现代思想文化的宝库，与古今中外的小说家、剧作家、诗人、散文家进行心灵的交流，精神的对话。在有声有色有思想有韵味的语言世界里流连忘返，透过美的语言你窥见的是美的心灵、美的世界，内在的智慧、思考力、想象力、审美力、批判力和创造力都被一一开发出来。孩子们只有有了浪漫的情怀，有了追求美好语言文字的内驱力，才会像海绵一样，在广博的语文世界里，尽情地吸收。他们的语文素养，将得法于课内，收获于课外，在不知不觉中有一个突飞猛进。

二、真真切切爱语文——抒发炽热的情感

荷尔德林说，人应该诗意地栖居在大地上。后经海德格尔的哲学提升，成为绝代佳句，那我们何不仿效一下，诗意地去教语文？苏霍姆林斯基说过："只有当感情的血液在知识这个活的机体中欢腾、流动的时候，知识才会触及人的精神世界。"

“浪漫语文”的关键是培养孩子的情怀,课堂应该是流动着热烈欢乐的教学情、学习情和丰富细腻的情感场。

让孩子走进文本,在品味中体验情感。孩子在有感情地朗读中,对课文产生了独特的感受、理解与体验。课文的语言材料、作者的情感体验,已款款走进孩子的精神领域,积聚成情感的“核反应堆”,达到“登山则情满于山,观海则意溢于海”的喷发状态。这时,教师饱满的激情推波助澜,使孩子情感的火焰熊熊燃烧。孩子的情感得到升华,自然爆发出一种创造性的激情与冲动,迫不及待地想用自己的声音和情感来表现课文的音韵美和意蕴美。这样无需进行朗读知识与技巧的指导,孩子自己的朗读就能自然地打动自己,深深地感染别人。

老师要轻轻拨动孩子情感的琴弦,以情育情、以情怡情、以声传情,用心灵感动心灵,用生命点燃生命,用灵魂塑造灵魂,使整个课堂恣意流淌浪漫的气息。

三、不拘一格学语文——彰显浪漫的天性

我们常说,孩子的思想是富有诗意的,孩子的语言本身就是一首诗。可是,孩子上学之后,经过几年的小学语文教育,却不会写诗了。是孩子的思维出现了问题吗?我想应该不是,而是我们的小学语文教育让孩子的思维画地为牢,不敢有太多的非分之想。李镇西老师说过,不少教师正在有意无意地剥除着语文教学中的人性:压抑孩子的主体情感,束缚孩子的个性张扬,限制孩子的独立思考,磨灭孩子的思想锋芒……

“浪漫语文”,就是要做这种天性开发的工作。这种开发,不但要让孩子对已知的领域产生强烈的兴趣,而且要让孩子对未知领域有着探索的勇气。也只有“人性”得到充分解放的孩子,才有这种勇气。虽然教师教给孩子的只能是知识,训练孩子的只能是技能,思维是由孩子自己控制的,但在传授知识和训练技能的过程中,孩子的思维却潜在地被影响着。从孩子终身学习的需要出发,要做的工作不是给孩子的脑海施加压力,把现成的知识强行填补到孩子的大脑,而是要给孩子一种动力,让孩子自觉地去获

得知识。

在教科普常识《奇异的琥珀》一课中，老师让用简笔画作示意图，指图讲解琥珀在生成松脂球时的必要条件；让善于推理的同学概述琥珀形成的阶段和条件；从“渗、滴、落、包”的动词使用中、从拟人句里体会文章的周密生动，这充分尊重了孩子的个性差异。再如低年级的《坐井观天》一课，青蛙从井里跳出来会看到什么呢？让孩子展开想象的翅膀，这个想象的过程，就是培养孩子思维的过程。而《晏子使楚》一课中，让孩子演一演，能体味人物语言的深刻性……充分的挖掘和利用语文教材中的创新因素，不拘一格，大胆突破，让孩子从不同角度去探究问题，“仁者见仁，智者见智”，不“人云亦云”，帮助他们培养自主的人格。

“浪漫语文”就是要给孩子一个思维的圆心，孩子的思维半径能走多远，就让孩子画多大的一个圆。让孩子学会用理性的思维来理解语文方式方法的研究与运用，用感性的思维来理解语文内容情感的培养与感悟。

浪漫语文，会让课堂语言富有魅力；浪漫语文，会让课堂形式追求准确激发孩子情感而不拘一格；浪漫语文，会让课堂教学灵感迸发。孩子思想在真实与文本中穿行，情感在感性与理性中交融，智慧在现实与想象间驰骋，唤起孩子内心对语文真挚热爱的情感，感受语文的无穷魅力。

【课堂全景】《天上偷来的火种》

教学目标：

1. 理解并积累“赐给、惩罚、尖利、刑罚”等词语。

2. 能抓住文章中关键词句，联系上下文，合理想象普罗米修斯的心理活动，体会他为了造福人类，敢于反抗权威势力，甘愿受罚的崇高精神。

教学过程: 激趣导入——整体感知——品读感悟——想象内化——拓展延伸

一、激趣导入,制造浪漫

1. 板书课题,这篇文章主要写的是谁?(板书:普罗米修斯)

2. 联系课题,简要概括文章的主要内容。

3. 初读文章,用文中的一个词来说一说普罗米修斯给你的印象。

交流:(板书:英雄)在你心中,什么样的人可以称为英雄?

联系第 2、8 节内容,了解普罗米修斯对人类作出的巨大贡献。

4. 引导质疑,抓住“偷”和“英雄”两个点。

【设计意图】 借助课题大致了解课文主要内容,引导质疑,初步感受普罗米修斯的形象,意识句中的矛盾点。

二、整体感知,把握浪漫

1. 自读课文,思考作者从哪些内容来表现普罗米修斯是个了不起的英雄?

随机板书:

请求赐火转身离开(3—5)(随机理解“赐”)

宙斯大怒决不收回(10、11)

忍受折磨(12、13)

2. 小结方法:初读文章,了解作者通过哪些方面来表现出人物的英雄主义,接着细细读文,进一步了解作者是怎样让我们感受到他是一个英雄的。

三、品读感悟,体味浪漫

1. 联系上文宙斯的语言与行为,详读普罗米修斯转身离开宙斯时的句子,体会普罗米修斯离开宙斯时的心理活动。

【设计意图】 联系上下文展开品读、感悟人物心理,训练孩子抓住关键词体悟的能力。教师要引导孩子联系上文宙斯的语言,对宙斯所说的内容进行归纳、整理。再引导孩子站在普罗米修斯的角度去体验、思考,帮助孩子对普罗米修斯的“英雄”形象有进一步的体会,对他甘愿为了人类牺牲一切的形象有更为感性的认识。

2. 比较朗读：

"我可以忍受各种痛苦，但决不收回火种！"

"我决不收回火种，我可以忍受各种痛苦。"

说说读了普罗米修斯的话，你感受到了什么？

【设计意图】 不同的语言表达形式会产生不同的表达效果。教师就是要根据文本的需要创设一定的语言环境，通过比较朗读来体会原文，效果将十分明显。首先强调"可以忍受各种痛苦"，表明了普罗米修斯甘愿承受一切磨难的决心之坚决，而将"火种"置前的表达方式，强调出"火种"对于人类的重要性，从而突出他"忍受各种痛苦"的意义——这样的语序强有力地表现出普罗米修斯为了正义而坚强不屈的意志。以"比较朗读"的方式调动孩子的情感体验，从而达到以情激情的目的，为孩子找到一个放飞思维的原点，令孩子心驰神往。

四、想象内化，感悟浪漫

1. 读第 12 节，抓住关键词句体会刑罚的可怕。

2. 几个世纪过去，他是怎么表现的呢？（一声不吭、毫不懊悔）

引读："一年又一年，一个世纪又一个世纪"写出了时间的漫长，"折磨"让人难以忍受，然而他"不吭一声"，不说"半句"懊悔的话。

3. 总结学法：我们首先了解了文章通过三部分内容表现普罗米修斯是个英雄，接着我们又抓住文中具体描写的语句，联系上下文，展开合理的想象，并通过对重点词句深入研读，感受到文章三部分内容是逐层深入地让我们看到了一位为了人类的幸福，甘愿牺牲一切，甘愿忍受生不如死的折磨的了不起的英雄。

【设计意图】 孩子对于通过品读具体描写人物言行、心理的语段，抓住那些看似普通的词句，以进一步体会它们对于人物形象的表现力，这些对于孩子来说是比较困难的。而浪漫语文通过引导孩子来读懂一句话，两个词，细细品味普通的词眼，在文章简笔勾勒处充分想象。

五、拓展延伸，升华浪漫

1. 拓展延伸：生活中，你觉得谁也可以称为"普罗米修斯式的英雄"？

2. 情感朗读赞颂英雄：《被捕的普罗米修斯》。

【设计意图】 课外延伸阅读，尽管属于个体行为，但仍有其共同的目的——获取信息、丰富知识、提高能力。就拿教学结尾的课外延伸这则神话故事来说，在我们人类中，也有被称为“普罗米修斯式的英雄”。通过列举哥白尼、马克思、何敬平、江姐等英雄人物，以及他们的名言，并以“你们知道为什么这些人被称为是‘普罗米修斯’式的人？”问题为启发，从而让孩子再次体会这些人的不平凡，他们都是为人类普及真理、传递希望和播撒文明的火种甘愿忍受各种煎熬的英雄。从这个角度再来体会“普罗米修斯式的英雄”就水到渠成了。

【思想穿行】 激趣导入——整体感知——品读感悟——想象内化——拓展延伸

“浪漫语文”，是指在教学的过程中充分调动孩子理解语言文字的丰富多彩，充分感受语文的魅力。课堂上运用“激趣导入——整体感知——品读感悟——想象升华——拓展延伸”等多种方法来感悟浪漫。

1. 激趣导入，制造浪漫。“激趣导入，制造浪漫”是指在语文教学中，根据教学的需要巧妙地运用多媒体精心创设与教学内容相吻合的情境，营造激情的教学氛围，调动孩子的情感体验，激发孩子的求知欲，引导孩子全身心的情感投入，让他们感同身受。课堂成为巨大磁场，虏获孩子的心。

2. 整体感知，把握浪漫。“整体感知，把握浪漫”是指在课堂上抓住主线，充分地感知感悟文本内容，让孩子有发自内心的阅读体验，真正达到与文本的交流，做文本的知音，与作者同行。在语文的学习中既要有诗人般的情怀，又要有学者般的严谨，即要给孩子一个思维的圆心，用理性的思维来理解语文方式方法的研究与运用，又要用感性的思维来培养和感悟语文内容的情感。

3. 品读感悟，体味浪漫。“品读感悟，体味浪漫”是通过丰厚语文知识的底蕴，来提升语文的素养。教师在教学中要以读感人，以情动人，用心激励每一颗心灵向善向上，使孩子在最佳的心理情感环境中实现知识的获取，技能的掌握和能力的培养。只有这样，教师、孩子的感情和认识才会不断地接近、迁移文本，最终实现教师、孩子和文本之间的心灵、情感的对话和共鸣，在温馨的课堂里享受成长的快乐，体会生命的价值。

4. 想象内化，品味浪漫。“想象内化，品味浪漫”是指充分调动孩子的想象，以培养孩子的情怀为主要手段，以提高孩子的语文素养为最终目的教与学的境界。启发孩子联系文本，调动孩子的知识积累，展开想象，让语言进一步得到内化提高。孩子思想在真实与文本中穿行，情感在感性与理性中交融，智慧在现实与想象间驰骋，唤起孩子内心对语文真挚热爱的情感，感受语文的无穷魅力。

5. 拓展延伸，升华浪漫。“拓展延伸，升华浪漫”是指深入浅出引导孩子探究阅读，使思想感情与思想内容融为一体，并进而引发新的联想、形成新的灵感、产生新的感悟。重视实践运用既是语文学习的基本规律，也是浪漫教学的一个重要特征。换一个角度看，探究的过程本身就是孩子对语文知识能力乃至自身的生活经历、认识经验的综合应用，所以由内而外延伸对提高孩子语文能力非常重要。当教师和孩子一起深入作品之中涵咏品味、受到感染的时候，语文课自然就会成为师生互动的学习乐园、共度的情感历程、共创的人生体验。

【精彩瞬间】 让儿童在文本中穿行

五年级第一学期《天上偷来的火种》教学片段：

师:请大家看,课题中的“偷”一般是什么意思?

生:窃取。

师:对啊,偷就是趁人不知道拿人东西占为己有。在字典里,在我们的生活中,偷是贬义词,普罗米修斯是偷取天上的火种,为什么还被称为“英雄”?

生:当时人间没有火,人们生活很悲惨。普罗米修斯是为了人类才去偷火的。

生:当时宙斯不同意给人类火种,所以他要偷。

师:目的不同:一般来说,偷是为了自己得益,而他偷取火种是为了人类。你们关注到了他“为谁偷”、“为什么偷”,读懂这些,我们就能找到“偷火种,还被称为英雄”的答案。

师:然后事情并没有那么简单,作为主神的宙斯可不答应,面对他的警告普罗米修斯的回答是什么?

生:我可以忍受各种痛苦,火种,决不收回!

师:不愿收回火种的普罗米修斯忍受了怎样可怕的刑罚呢?读读 12 小节,谈谈自己的感受。(板书:刑罚)

生:鹫鹰用尖利的嘴巴啄吃他的肝脏,第二天还要继续啄吃,那种痛是无法忍受的。

师:是啊,最主要的是这样无法忍受的痛,普罗米修斯不是一天忍受,这种痛是每天周而复始都要忍受的,那是多么的残忍啊!

生:他被沉重的锁链锁在高加索山的悬崖峭壁上,双手和双脚都戴着铁环。

师:你们仔细看看图,感受到了什么?

生:他是悬空吊在悬崖上的,手腕上的铁环会把手腕磨出血的。

(引读句子)师:想象普罗米修斯当时所遭受的折磨:双手和双脚都戴上了铁环,天长日久,他的双手双脚——

生:他无遮无盖,遭受着日晒雨淋。

师:夏日,火热的太阳晒得他——冬天,刺骨的寒风和漫天的大雪——

生：他无遮无盖，遭受着日晒雨淋。

师：这是何等痛苦的折磨啊，沉重的铁链和铁环锁住的是普罗米修斯的身体，锁不住的是他的——

生：为劳苦大众找寻幸福，造福人类的心。

（变换语序读）（出示：我可以忍受各种痛苦，火种，决不收回！）师：他在心里默默地、坚定地说——（指名读）

师：这里他原话要强调的是什么？

生：首先强调"可以忍受各种痛苦"，表明了普罗米修斯甘愿承受一切磨难的决心之坚决。

生："火种"在前，强调它对于人类的重要性，他"忍受各种痛苦"的意义是为了人类的幸福生活。

生：这样的语序，强有力地表现出普罗米修斯为了正义而坚强不屈的意志。

（朗读想象）即便这样，宙斯还不解恨，又派了一只凶恶的鹫鹰，每天用尖利的嘴巴，啄吃他的肝脏。白天，他的肝脏被吃光了，可是一到晚上，肝脏又重新长起来。第二天早晨，鹫鹰又继续啄吃他的肝脏……

（配乐朗读）师：同学们，这是一种怎样的撕心裂肺的痛啊，我们只期望这痛苦的日子早日结束，但（出示：一年又一年，一个世纪又一个世纪，他忍受着，不吭一声，更没有对自己做过的事说半句懊悔的话。）指名读、齐读

师：虽然，普罗米修斯没有说半句懊悔的话，但是我们的耳边，回响着的是他依旧坚定的声音。

（串读前文）我可以忍受各种痛苦，火种，决不收回！

师：普罗米修斯是希腊神话中的一个神的形象。而在我们真正的人类世界，在各个领域，也有许多人被我们敬呼为普罗米修斯式的英雄！

（练习说话）你们知道为什么这些人被称为是'普罗米修斯'式的人？

生：哥白尼是普罗米修斯式的英雄，因为创设了"日心说"，把人类从蒙昧的神学观

中唤醒，开创了科学观的视野。

生：江姐是普罗米修斯式的英雄，因为她为了共产主义事业的实现而抛头颅洒热血。

……

师：这些人不平凡，他们都是为人类普及真理、传递希望和播撒文明的火种甘愿忍受各种煎熬的英雄。人们没有忘记普罗米修斯，所以“偷火”这个词就有了特定的含义，人们把像普罗米修斯一样为人类造福而情愿受苦的人称为“盗火者”，也感动了世界上所有具有正义感的人，后人写了很多赞颂普罗米修斯文章和诗篇，老师这里选了一段。

（师生激情诵读）

他深邃的目光/凝视远方/一定看到了山下灯火辉煌/
他不息的双耳/敏锐如初/一定听到了人间笑语飞扬/
他憔悴的身影/傲然挺立/蕴含着正义的力量/
他灵动的思想/无拘无束/闪烁着自由的光芒！

“浪漫语文”课堂，是在教学的过程中充分调动孩子理解语言文字的丰富多彩，充分感受语文的魅力；引导孩子全身心的情感投入，使课堂成为巨大磁场，虏获孩子的心；解放孩子的天性，鼓励他们自由奔放的表达，收获语文学习的快乐，丰厚语文知识的底蕴，提升语文的素养。

（谢冬英）

多彩数学:与“暖色调”亲密接触

红色、橙色、黄色……,这些不同的色彩点缀着我们这个斑斓的世界,不同的色彩同样点缀着我们多姿的人生,不同的色彩更是编织了我们多彩的数学课堂。在这里,会员积分卡、打折卡、拍卖券等这些孩子们见过、但未曾拥有的物品,已不再是成人世界的专属品;色彩鲜艳、图文并茂的精美板书,已不再是美术老师的专长;悦耳动听的音律也不再是音乐老师的专利……在这样的数学课堂里,孩子们只需轻松地与“暖色调”来次亲密接触,让学习数学的温度在孩子心间环绕,就能让数学不再冷漠。

【灵魂渗香】 多彩数学:与“暖色调”亲密接触

【课堂全景】 《年、月、日》

【思想穿行】 情境导入——研讨互动——拓展延伸

【精彩瞬间】 在“春暖花开”中感受数学的“味”和“趣”

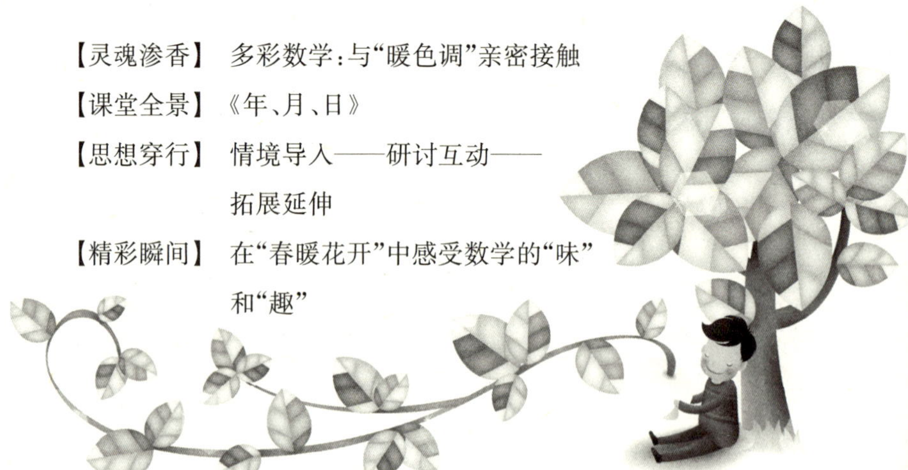

【灵魂渗香】 多彩数学：与“暖色调”亲密接触

数学不同于语文，在课堂上教师不能带领学生身临其境地欣赏美文、朗读美文；数学也不同于英语，在课堂上教师不能和学生一起参与许多快乐的肢体互动活动。一提及数学，“枯燥”、“抽象”、“机械”等这样的字眼会出现在大家的脑海里。所以，数学给大家的色调基本上就是一种“冷色调”。然而，数学教师可以运用自己的智慧，对数学留给大家“冷色调”的印象大声说“NO”。

众所周知，“知之者，不如好之者；好之者，不如乐之者”。学生只有对数学学习有浓厚的兴趣，把学习数学当作一种乐趣，才能真正地学好数学。“多彩数学”主张通过教师的“调剂”，将数学课变得多姿多彩，激发学生数学学习的兴趣，让枯燥无味的数学变得“有趣、有味、有感”，让学生乐学不疲，成为学习的主人。

那么，教师如何通过“调剂”将我们传统的数学华丽变身为“多彩数学”呢？结合我个人几年的教学实践，总结概括了“多彩数学”的三部曲。

一、“多彩数学”之前奏

《礼记·中庸》：“凡事预则立，不预则废。”要做好任何一件事情，都要预先有准备，有了准备，则可以获得成功；反之，没有准备，则会遭到失败。教师上课也是一样，要想取得较好的教学效果，必须课前认真备好课。备课是上课的前提，是课堂教学的一项预先设计。有了这个预备过程，才能把课上好。一堂精彩的课堂，都是来源于精心的备课。因此，如果想得到一堂多姿多彩、吸引学生的数学课堂，那么在备课时就要“巧”花心思了。

第一,深钻吃透教材,“巧”选素材。教材虽是众多专家心血的结晶,但教师深钻教材吃透教材的同时,要有自己的创新、解读和思考。否则,照搬的“拿来主义”会使自己当成了教材的“传声筒”、知识的“贩卖者”。没有了思考,课堂将很难创新和变得多彩。叶圣陶曾说过:“教材无非是个例子。”我们要抛弃那种“唯教材是用”的本本主义,灵活变通教材中不符合或滞后于学生发展的内容,要及时关注时代发展的新动向,吸收生活中鲜活的素材,把它们及时地整理、融合到自己的备课中。例如,在备课三数下《条形统计图二》时,教材中提供的车辆素材,其实离学生的生活是比较远的,利用学生熟悉、亲近的生活素材作为学习背景来创设情境,将有利于学生更好地理解问题。所以本节课教师采用了学生最喜欢且又是真正参与的学校“快乐星期五”拓展课作为素材,来创设情境贯穿全课。在教学中由于情境串的巧妙设置,使整节课形成了一个有机的整体。这样处理素材的情境创设同时也体现了简约数学教学的思想理念。

第二,结合信息技术,“巧”用多媒体。多媒体技术在数学课堂教学中的应用有着多种的形式,它对整合课堂教学内容、进行教学设计、激发学生学习兴趣有着积极的作用。同时它还能促进学生对知识获取保持,对技能组织与管理,建构理想的学习情境,实现学生自主学习。例如,在教学《谁围出的面积最大》这节课时,情境引入的小故事是由教师的一段录音取代,这样既抓住了学生的耳朵又在无形中培养了学生的倾听能力;又如,在本节课中呈现围出最大面积的这一过程中,用信息技术制作的课件可以无限制地将如何依次摆放的过程生动形象地展现在学生面前,这不仅提高了课堂教学的效率,还帮助学生开阔了视野,激发了想象力,调动了积极性。

当然,“巧”用多媒体除了制作动态的课件和插播音频,还可以插播录像等一系列可以激发学生学习数学兴趣的技术。一堂多姿多彩的数学课堂离不开多媒体技术的支持。多媒体技术可以使数学课堂充满趣味,贴近生活,化动为静,突破教学重难点。

第三,发挥想象力,“巧”制板书。众所周知,板书不仅是教学中的画龙点睛之笔,也是提高数学课堂教学质量的有力措施之一。“多彩数学”课堂主张教师在设计板书时,除了追求板书原有的简洁、扼要等特点外,还应考虑板书的美观性和艺术性,可以将板书美化来吸引学生的注意力和关注度。高尔基说:“人都是艺术家。他无论在什么地方,总是希望把‘美’带到他的生活中去。”一幅新颖别致、富有美感的板书往往可以给学生留下难以磨灭的印象。例如,在教学《用计算器计算》时,教师将课题进行了一番美化,揭示课题和板书贴出来的时刻,每一位学生都被深深吸引住了,并且激发了他们对知识的渴望。

二、“多彩数学”之高潮

前奏顺利进行后,就要进入“高潮”篇了,即教师的主阵地——课堂。“多彩数学”要求教师在熟练备课后,要像一名“导演”将教学内容演绎得活灵活现。因为我们的学生是校园舞台上最好的演员,而教师就像“导演”一样激发他们。

首先,“多彩数学”的课堂应该是有气氛和情调的课堂,是一种和顺、协调、融洽的教学环境。这样的教学环境不仅可以反映出教育者的教育理念,还可反映出师生在课堂上的一种生存状态;不仅关乎学生的成长,还可直接影响课堂教学目标能否达成。卢梭说:“教育的艺术是使学生喜欢你所教的东西”,这“喜欢”之情,便是来自教师在教学中所创设的课堂教学环境。我们可以试想下,全体学生在教师所营造的环境“刺激”下,充满了求知欲望,群情激奋,个个大脑都在充分运转,这样的教学效果会有多成功啊!“多彩数学”是激发学生数学学习的兴趣的必要条件。

其次,教师肢体语言的运用在“多彩数学”课堂上将起到“润物细无声”的效果。虽说学生是幕前的演员,教师是幕后的导演,但是如果想要完美地演绎课堂教学,教师就必须要善于利用肢体语言来表达情感。肢体语言是人内心情感的自然流露,也是促进师生之间正常愉快交往和形成和谐的教学气氛的重要因素,能给“多彩数学”课堂增添一抹暖色调。

最后,对学生的课堂评价也是“多彩数学”课堂的催化剂。俗话说“良言一句三冬暖,恶语伤人六月寒。”好的评价能激发学生的学习兴趣,激励学生的学习热情,培养学生的学习意志;反之,则会抹杀学生的学习兴趣,让学生疏远数学学习。教师课堂评价要做到公正与差异相结合，全面与个性相结合。

另外，教师在课后也可以制定一系列具有创新意识的奖惩措施，例如贴近生活的会员积分卡、打折卡和拍卖券的积累等。

三、“多彩数学”之尾奏

精心设计和倾情演绎前两部曲结束后，我们的“多彩数学”课堂就算圆满了吗？不，如果就此画上句号，多彩数学“暖色调”的色彩还不够亮丽，这也不是我们所提倡的课堂。教师还要注意课堂的延续性。

其一，在课堂的结尾处设置悬念或者将两节课之间建立起有条理的联系，让“暖色调”继续保温至课后。例如，在教学《几分之一》时，教师以一段生动活泼的电视广告“分蛋糕”视频作为结束曲，留给学生无限的思考空间。我们欣然地看到，在课后，学生一群群地围着，因探讨教师设置的悬念问题而达到近乎“废寝忘食”的状态。

其二，在给学生布置课后作业时，精心设计习题，让“暖色调”一起装进书包背回家。教师利用教学智慧多挖掘贴近学生生活的练习，这样不仅仅可以使小学生们将上课时的热情延续到课堂之外，还可以让他们在课前课后有充足的预复习准备，起到复习旧知巩固新知的作用。例如，在布置《认识人民币》的课后作业，教师巧妙地结合了生活日常开支的“水电煤”设计了一份“理财小管家”的作业。将素来的作业“任务”与“负担”转为“乐趣”，为学生快乐成长插上了“隐形的翅膀”。通过这样多姿多彩的“暖色调”作业，使学生不断提升自己，超越自己。

众所周知，小学阶段的学生的特点是对新鲜事物有着强烈的好奇心，注意力集中时间较短，并且思维方式以形象思维为主。而“教育的艺术不在于传授本领而在于激励、唤醒和鼓舞。”因此，“多彩数学”课堂要求教师要结合学生的这些心理特点对课堂和教学内容进行细致的编排，合理运用多媒体等教具，精心设计习题，适时与学生进行互动和交流，尽可能让学生阐述自己的想法和收获，激发学生的求知欲望和学习兴趣，达到使课堂多姿多彩的教学目标，让学生爱上数学课。

【课堂全景】《年、月、日》

教学目标：

1. 联系生活经验，初步认识时间单位年、月、日，能判断大月、小月，了解有关平年、闰年的知识，培养学生观察、分析、归纳、判断和推理能力。

2. 解决年、月、日相关的一些简单实际问题，通过合作探究、动手操作，体验数学与生活的联系，激发学生的学习兴趣。

教学过程：

一、情境导入，多彩之前奏

1. 学生通过说自己的生日和出生日期，引出时间单位：年、月、日。

2. 根据今天具体的日期和不同的表示方法，揭示课题《年、月、日》。

【设计意图】 新课程课堂教学的目标是让课堂充满生活气息，学习成为一种生活需要；让课堂教学以人的发展为本，学习成为一种发展需要；让课堂教学充满生命气息，学习成为一种生命需要。通过谈话的方式，以一种轻松愉快的氛围让学生置于教学所需要的表达氛围中，即正式与多彩数学的“暖色调”亲密接触。同时，也学习到了本单元关于“年月日”的简写方式的知识点。

二、研讨互动，多彩之高潮

1. 分享预学卡片

(1) 提要求。

(2) 小组分享过程。

(3) 全班反馈：(理清大小月和特殊月、初步认识闰年和平年)。

2. 整理板书

3. 课外拓展

(1) 学生提问。

(2) 阅读卡片(与时间有关的故事:凯撒制定历法的故事、天文小贴士)。

4. 巩固练习

由练字帖引出一系列的练习。运用这节课整理到的知识,来说明一下下面问题是否正确并说明理由。

(1) 想一想一个月够不够?

一本钢笔字帖 30 页,每天一页,一个月练成好字!

(2) 选一选一年够不够?

一种包装每本 30 页,12 本;另一种包装每本 31 页,12 本。

如果要练习一年,选择其中的哪一种,并说明理由。

(3) 列一列连续 2 个月的天数及最后的 4 天。

网站推出 2 个月的练字帖。

① 研究如果还是每天练 1 页,要连续练 2 个月,这本 2 个月练字帖可能会有多少页?

② 截止到下个月 2 日,最后 4 天,到底会是哪 4 天呢?

③ 学生学习单答题。

④ 全班反馈。

5. 知识记忆

(1) 刚才我们用年月日的知识,解决了很多问题,生活当中还有没有像这样的,要我们用年月日的知识来解决的问题呢?

(2) 大月、小月和特殊月,你们有没有好方法能够帮助我们记住?(口诀、拳头法)

【设计意图】 吕叔湘先生曾说:"上课的时候就应该以学生的活动为主,教师的活动应该压缩到最低的限度。"调动学生参与的积极性,让他们发表自己的意见,敢于和老师、同学展开讨论;为学生提供参与机会,让一切教学活动都围绕学生如何去学而展开。在这一环节中,“小组探究”有助于学生自主探究新知、自主解决问题,将所学的知识巧妙地与学生学习经验“练字”巧妙地结合在一起解决问题,提升了学以致用的思想,使多彩数学之“暖色调”充盈着课堂。

三、拓展延伸,多彩之尾奏

学习了年月日的知识,课后请自行动手制作今年的年历,并选择自己认为最有意义的日期进行标注,课后和老师、小伙伴或者家人交流。

【设计意图】 将这一课时与下一课时的知识点有条理地建立在一起,起到了承上启下的作用。制作年历最终是为了使用它,让学生体会到数学知识与实际生活的密切联系。学生在课后制作的过程中体验年历在现实生活中的作用,在年历上标出重要的节日以及一些有纪念意义的日子(包括自己或父母的生日,教师节、感恩节等),真正起到了学以致用的效果,让多彩数学之“暖色调”延续到课后。

【思想穿行】 情境导入——研讨互动——拓展延伸

充满多彩的数学课堂应该是一个充满生命力的过程。课堂教学蕴含着巨大的生命活力,只有师生的生命活力在课堂教学中得到有效发挥,课堂上才有真正的生活,才能激发学生数学学习的兴趣,让学生爱上数学课。“情境导入——研讨互动——拓展延伸”这样的多彩教学模式就是教师采用贴近学生的教学情境,开放性的引导,让全体学生积极参与,张扬学生个性,激发兴趣,让学生乐学不疲。

1. 情境导入——多彩之前奏。一首歌曲中的前奏常常是给人们一个具体的音乐形象,而多彩数学之前奏的情境导入亦是如此。教师在备课中,如果做足“功课”,那么整堂课就会达到事半功倍的效果。因为学生的活动离不开具体的情境,都是在相应的情境中展开的。情境对学生的活动具有推动、暗示和移情的作用,能使学生活动达到最佳状态。教师将数学知识与学生的日常生活紧密地联系在一起,并带领学生入情入境,让学生对所学知识产生浓厚的兴趣,体会到数学就在身边,感受数学的趣味和作用,领略数学的无穷魅力。

2. 研讨互动——多彩之高潮。教师引导学生联系生活实际,分小组建立数学模型,让学生们努力发现生活中所存在的数学现象,让他们充分感受到数学无处不在的神秘与魅力。同时,也培养了学生动手操作、善于思考、团队合作的能力。在汇报的过程中,重点是通过联系生活实际,进一步激发学生的学习兴趣。

3. 拓展延伸——多彩之尾奏。在尊重、理解教材的基础上,对教材进行合理的整合,在数学实践中创造性地对教材延伸拓展,从而让学生感受到数学知识之间的连贯性和整体性,同时也将课堂上的"学习温度"持续下去。

【精彩瞬间】 在"春暖花开"中感受数学的"味"和"趣"

小学数学三年级第一学期《年、月、日》教学片断:

1. 提要求

师:(边说边走到学生群里)课前,老师已经请大家事先按照我们的预学卡片,对这个内容进行了学习。通过说一说、查一查、理一理,我们已经知道了很多关于年月日的知识。

师:现在,我们就来一起分享下你预学的知识,好吗?分享前,老师给同学们一点分享的小建议,仔细听。

(录音:把你的预学卡片放在4人小组的中间,让大家都能看到;然后我们在相互分享学习的过程当中,你和小伙伴交流的时候,可以这样说:________)

师:一起来读一读:

全班:"我同意你的看法,我还想补充一下。"

师：你还可以向小伙伴说：

全班：“我想向你提个问题，你能帮我解答吗？”

师：或者说：

全班：“我不同意你的看法，我是这样想的……”

师：还可以对这些知识最后做一个总结：

全班：“分享了这么多知识，我想来做个总结。”

师：如果有一些问题，在你的小组内都不能解决，没关系。全班同学都是你的智囊团，你可以把你的问题提出来，让大家一起来讨论解决，好吗？

师：4人小组开始分享吧。

2. 分享过程

学生拿出课前的一张彩色云朵图案的预学卡片在小组内积极分享，教师一边巡视聆听一边参与学生分享。

3. 反馈

师：预学卡片上的知识在小组内分享完了吗？刚才我们看到的只是4个人的作品，老师在课前有一个特优权，我看到了全班同学的作品。所以，拍下了几个特别棒的，我们一起向他们学一学，好吗？

师：如果有些知识，刚才小组内分享到的，你就轻声读一读；如果有些你刚才没有分享到的，你就大声念一念，明白了吗？一起来看吧。

师：这是谁的作品，站起来给大家看看，哟真好，给大家介绍下。

生：介绍大月小月，其中2月最少，28天或者29天。

师：果然符合我们预学卡片上的要求，让我们一看都能看明白，是吗？掌声送给她。（教师边表扬边拍手）

师：再来看看这份作品，他是用什么方法来整理这些知识的？（表格、统计图）

生：默读，“以此类推”的作品。

师：哦，我喜欢这样学习的感觉。我已经听到同学们在读一读了。发现了吗？

师：在他写的预学卡片上有个很高级的词语。

生：以此类推。

师：哦，我们数学经常要讲“以此类推”，你把他找出来了。（教师表扬的表情可略显夸张）那么请问你们会推吗？2012、2016 是闰年，以此类推，接下来他会写的是？

生：2020 年。

师：下一个？

生：2024 年。

师：刚才都是往后推，有没有同学往前推？2012 的前面？你来。

生：2008 年。

师：同意吗？再往前推。

生：2004 年。

师：你们都是怎么推的？

生：往前减 4，往后加 4。

师：一定是跟几年有关系？

生：4 年。

师：刚才在这里找到了一个很数学的词语，叫做，一起读

生：以此类推。

多彩数学旨在通过教师利用自己的教学智慧，把数学课堂装扮成以“暖色调”为基调的课堂，让学生爱上数学。试想，一个充满“暖色调”的教学环境，肯定是一个让学生感到自由、和谐、安全、愉悦的成长空间。这样的课堂，能对学生具有吸引力、亲和力，能鲜明地改观传统数学给孩子们的“冷”感。在本课中，教师利用各种新鲜资源，创设各个紧凑环节，学生自始至终被“暖色调”燃烧着求知欲，这种数学学习的“温度”将在“暖色调”中慢慢递增，从而使今后的数学课变得“有趣、有味、有感”。

（张春艳）

童味英语：成就儿童的专属课堂

儿童的英语是富有韵味的，儿童的英语是富有童趣的，儿童的英语课堂是富有童味的。站在儿童的立场上，引领他们以儿童的眼光观察生活，以儿童的语言表达生活，以儿童的感觉感受生活，以儿童的思维理解生活，以儿童的情感享受生活，从而成就属于学生自己的具有“儿童味”的英语世界。

【灵魂渗香】 童味英语：成就儿童的专属课堂

【课堂全景】 *Animal School*

【思想穿行】 感知语言——聚焦语言——运用语言——延伸语言

【精彩瞬间】 让儿童沉浸于童话世界

【灵魂渗香】 童味英语：成就儿童的专属课堂

苏霍姆林斯基说："儿童就其天性来讲，是富有探索精神的探索者，是世界的发现者。"自由和探索是儿童的天性和本义，英语教学就应顺应这种天性，坚守这一本义，引导并促进他们进一步去探索和发现，而不是通过一味地强制灌输、简单的"告诉"和机械重复的训练，伤害了他们自由和探索的天性，破坏了"儿童"的本义。成尚荣在《儿童立场》中指明："教师是教育的策划者、设计者和组织者，但是真正'发出'教育需求的却是儿童，是儿童焕发生命活力的诉求才有了教育活动。儿童是教育活动的发出者，是教育的主体，那么教师就应站在儿童立场上。"由此可见，小学英语课堂教学也应基于儿童本身的需求、兴趣、能力来开展，向儿童提供一个彰显儿童色彩的语言世界，让儿童用自己的童言讲述热爱的儿童世界，用自己的童心感受语言世界的童趣。

所谓童味，就是"赋有儿童韵味"的意思，也就是让学生在学习英语的过程中感受儿童世界的童趣。笔者提出"童味英语"的教学主张，旨在打造具有童心、童趣、童乐的英语课堂。它不是教师所设定的成人化的课堂，而是在教师的引领下，以儿童的眼睛去观察生活，以儿童的感觉去感受生活，以儿童的思维去理解生活，以儿童的语言去表达生活，以儿童的情感去享受生活。可见，这样的课堂是符合学生内在需求的、适合学生发展的、贴近学生生活的童味课堂。

一、创新主题，让儿童畅谈话题

一个成功的课堂首先需要思考的是：什么才是学生需求的？所谓"万变不离其宗"，这个"宗"就是课堂的主题，是课堂的灵魂，是所有话题的思想集中点。"童味英语”是围绕主题展开的英语综合能力的表现，而不是各项语言技能的训练，是建立在任务基础让以儿童为中心的教与学。课堂主题应该是让学生喜爱的、贴近生活的，符合学生成长发展的。这样的主题才能引申话题，以话题带动学生的表达，让学生有话可说。

如果一个主题能引起儿童的极大兴趣，在展开的过程中能不断地激励他们深入探索，在总结时让学生受益匪浅，这就是好主题。怎样确定主题呢？教师应充分发动并信任学生，经过充分的讨论和协商来确定学生感兴趣的主题。比如，教师可以基于教材的主题“Food、Season、Animal、Activity、Clothes、Festival”等，融入学生的日常生活中的新鲜体验，确定富有新意的主题。比如，基于教材主题“Clothes”，教师可以结合学生亲身经历的“校园时装秀”活动来设计“Suitable clothes”这一话题；基于教材主题“Activity”，教师可以结合学校丰富多彩的“活力六十分”拓展型课程来设计话题“My favourite activity”；教师也可以基于学校的感恩节、艺术节、劳动节、读书节、体育节等活动来融入主题“Festival”。这些主题都贴近儿童的兴趣点，能激发儿童的兴趣，让整个教学都散发着童趣。

二、再构文本，让儿童丰富表达

有了主题的兴趣引领，教师紧接着需要思考的就是：如何基于主题再构文本？儿童的语言是稚嫩的，是简练的，是朗朗上口的，是富有趣味的，是带有独特色彩的。上海英语教研专家朱浦指出：“英语教师在教学中要重新整理教材，进行文本再构，使再构的文本达到完整性、真实性和情景性的要求。”这就需要教师基于儿童的语言对文本进行优化、整合、取舍，从而更好地为儿童所运用。

再构文本需要基于教材的核心内容和核心语言，对教材内容进行再度开发，从而形成符合儿童语言的教学内容。这种新的教学内容源于教材，源于生活，又真正服务学生。具有完整性、真实性、情景性的再构文本让学生在具体的语境中学习单词、句型，既符合语言学习和运用的规律，具有实用性，又能满足不同学生对知识的不同需求，适应学生的差异性，达到语言与运用的综合发展。“童味英语”的文本形式多样，可以是以儿歌、诗歌、谜语、绕口令、对话等为载体（多见于低段），也可以以故事、短文、书信、邮件、海报、对话等为载体（多见于高段）。

“童味英语”要用具有趣味的文本丰富主题的内涵。在上海小学英语教材中，以某一主题为内容的文本比较简短，对于文化信息和育人价值还需要教师去挖掘和丰富。如在牛津英语（上海版）*4A M3U1 Animal School* 这一课里，教师对文本语言进行童味化，用“have a try, come on, yes”等拥有正能量的激励性语言鼓励缺乏自信的主人公。不同层次的学生可以根据这个对话文本框架进行自由表达，既可以结合先前的语言知识，也可以用新授语言，也可以是学生课外拓展的。学生的表达是源于自己生活和能力水平的，但每个层次的人都能做到有话可说，丰富了语言的内涵。

三、推进任务，让儿童体验乐趣

有了趣味主题的引导和趣味文本的内容支撑，“童味英语”接下来需要思考的是如何设计具有童味的任务，让学生体验任务的成果，体验任务过程的乐趣。

1. 分层设计任务，体验成功的乐趣

学生的学习能力会因其理解能力、学习环境、情趣爱好等因素而各不相同，教师在设计英语任务时，要考虑学生能力的差异而进行分层设计。如可以将一种活动任务设计成 A、B、C 三种等级：A 级针对优等生，偏向综合能力的运用；B 级针对中等生，偏向语言的基础阅读写作能力；C 级针对学困生，偏重于基础知识的巩固和积累。这样的任务设计能满足不同层次学生的需求，学生可以自主选择自己感兴趣的活动，体会学习和成功的乐趣。

比如，在牛津英语 *4A M3U1 Animal School* 一课中，教师可以给学生设计以下三类任务：

A类任务:结合自己的想象给这个故事续写一个你喜欢的结尾。

B类任务:复述故事,表演课文中的对话。

C类任务:听懂录音,流利并有感情地朗读故事。

这样,能力强的学生可选择比较难的做,能力弱的可以做简单的,让不同学生都体会到自己成功的乐趣。

在"童味英语"课堂上,小组活动的形式比较多见,每个小组兼顾不同层次的学生,这样它可以让不同层次的学生都得到实践的机会,使每个学生在原有的基础上得到提高。小组活动的形式也是多种多样的,如小组对话表演、猜谜、调查、访谈、制作海报、小组测试互评等,这样的活动形式给学生提供了一个自主活动的空间,让他们在小组活动中量力而行,享受同伴互助共享的乐趣。

2. 丰富任务形式,享受任务实践的乐趣

在课堂上,教师要用语篇、情景带动词句教学,通过不同的任务,如听、说、读、写、唱、演、做等活动让学生对核心语言和句型进行不同层次的训练。不同学生对于语言知识的信息加工能力是不一样的,有些学生倾向通过听的方式进行加工语言,有些学生倾向以阅读的方式进行,也有些学生倾向以写的方式进行表达。因此在一个大班级里,教师要运用不同方式进行语言知识的传授,创设情境,扎实地推进教学,让学生在完整的情景体验中快乐地学习英语。如果以机械的语言操练贯穿课堂的推进,学生会很快失去兴趣,而以讲故事、做游戏、编唱儿歌、唱歌等符合儿童思维的情景任务,学生就会减轻心理压力,在轻松体验和认知的过程中,达到意想不到的效果。

例如,在牛津英语 *4A M3U1 Animal School* 一课中,教师按照故事的发展脉络设计了四个教学任务,具体如下:

任务一:Listen and follow

学生以听、跟读的形式对故事的开头进行初步感知,通过朗读的分步指导,让学生尝试边听边读,培养学生的英语语感,激发乐趣。

任务二:Listen, read and underline

任务二是对任务一的提升，让学生在听读的基础上进行提取信息，对故事的发展部分进行有效理解，享受融入情景的乐趣。

任务三：Listen，underline and write

任务三是故事的高潮部分，通过两个提问式支架，学生能理解故事，并能在相关情景中准确运用相关短语。这时，对学生的能力要求上升到写的能力，使他们能够归纳文本中的信息，享受运用语言的乐趣。

任务四：Read，judge and retell

任务四是对故事的结尾部分进行判断和描述，享受表达的乐趣。

可见，每个教学任务为学生在学习故事提供了支架，以听、说、读、写等多样的任务为抓手，达到对整篇文本的感知、理解、朗读、表达，享受任务实践的乐趣。

四、激励评价，让儿童充满自信

让学生对英语课堂充满期待和兴趣，还需要定制一套有效的课堂评价机制。教师在评价学生时应特别保护好学生完成任务的热情，通过各种激励性的评价方式来激发儿童持久的英语学习兴趣。

富有儿童味的评价往往是多向的。多元智能理论认为，每个人都同时拥有多种智能，只是具体到每个人身上，表现有所不同罢了。正是这些不同使得每个学生的智能类型及学习风格具有独特性。传统上我们所认为的“差生”，只是由于其语言智能或数理逻辑智能表现不够好，但他在其他几项智能方面的表现却可能相当出色。如果给予适当的鼓励和教育，每个学生都能使自己的智能达到很高的水平。从这个意义上来说，每个学生都是优秀的，不存在智能水平高低的问题，只存在智能类型或学习风格差异的问题。因此，评价要面向全体学生，关注学生的智能特点，创造适合学生的评价手段，使每一个学生的潜能都能得到最好的发展。因此，教师应变单向评价为多向评价，让学生参与到生生互评、师生互评的多向评价中去，把评价权交给学生，有利于学生及时纠正错误，并指出他人的错误。

富有儿童味的评价需要分层，只要学生完成了相应层次的任务，就应当给予奖励，让他感受学生的成就感和自信心。教师可以根据学生能力差异实施评价，对学习能力弱的学生评价主要采用表扬性评价，即时鼓励，调动学习积极性，如经常使用"You can do better"、"Come on"等语句，可以起到良好的激励效果。

比如，在教学牛津英语 4A M3U1 *Animal School* 一课后，教师可以设计自主探究任务，让学生以小组为单位来改编故事，将动物学校迁移到自己心目中的学校，如太空学校、城堡学校、魔法学校等，让他们进行展示。能力水平低的学生只要能用教材中的核心词汇进行简单介绍 *Animal School* 的故事，就给予表扬性评价；而对于能力水平高的学生可以制作有关 *My dream school* 的英语海报或图文并茂、富有童趣的作品，深入挖掘生活内涵。教师还可让学生将这些作品在教室里进行展示，自主地点评这些作品，在互比互评中共同提升，营造良好的学习氛围。

总之，"童味英语"课堂是一个富有儿童韵味、把儿童的需求放在首位、贴近儿童生活、激励儿童情感的课堂。在这样的课堂上，不同智能不同个性的学生都可以得到自己的成长和收获，都能拥有属于自己的专属英语。无论从主题到文本，还是从主题到任务和评价，"童味英语"为学生考虑的是课堂的每个脉络和细节，让学生学得有所乐、学有所需、学有所得。

【课堂全景】 *Animal School*

教学目标：

1. 学生能在 *Animal School* 的语境中理解故事的基本内容，并能用所给的关键词描述 *Animal School* 发生的故事。

2. 学生能通过故事阅读在生活中挖掘自身优点，树立自信的品质。

教学过程：

一、引入话题，感知语言

1. Enjoy the video and sing："Our school will shine today".

2. Talk about the activities in our school.

3. Imagine the Animal School and listen to story.

【设计意图】 用歌曲导入，复习旧知，激活学生已有的关于主题 school 的内容，激发学生的兴趣点。通过听力活动，初步感知语言，为建立支架做好铺垫。

二、推进任务，聚焦语言

1. Lead in the Part 1 of the story

(1) Make a guess

Who's in Animal School?

What's in Animal School?

(2) Listen and follow

① Follow it quietly

② Follow it loudly

③ Say it by yourself

There is no ... in Animal School, but there is ...

【设计意图】 通过猜测活动激发学生了解 *Animal School* 的欲望，再通过朗读的三步指导让学生品读出 *Animal School* 的独特之处，分步培养学生的语言能力，让学生从模仿跟读到尝试表达，体验成功的乐趣。

2. Lead in the Part 2 of the story

(1) Watch the Part 2 and think

(2) Answer the question：Why does Little Rabbit think he's a bad student?

(3) Role reading

【设计意图】 通过角色朗读，让学生理解文本内容，体会人物情感，享受角色扮演的乐趣。

3. Lead in the Part 3 of the story

(1) Listen and think：Why do animals think he's a good student?

(2) Read and underline the reasons

(3) Discuss in groups：How do they help him?

【设计意图】 通过读一读、划一划的阅读技能体验以及小组讨论合作的方式展开活动，让学生深入理解文本内容，领悟其他小动物对小兔子的帮助。

4. Lead in the Part 4 of the story

(1) Listen and judge

(2) Read and think：Why does Little Rabbit think he's a good student now?

【设计意图】 通过视听判断的任务，理解故事的结局，并通过思维启发，领悟小兔子从bad到good的变化过程。

三、建构支架，运用语言

1. Role read the story

2. Retell the story

【设计意图】 角色朗读可以巩固学生的情感体验，更好地理解小兔子的sad和happy的情感变化和其他小动物的积极鼓励。再让学生根据支架提示进行语用输出，运用自己的语言讲述*Animal School*发生的事，体验语言实际运用的乐趣和成功的喜悦。

四、体验情感，延伸语言

1. Watch VCR of the students

2. Think and show：I can't ... but I can ... I'm ...

3. Understand what the story tells us：

No one can do everything，but can do something. Everyone is good!

4. Homework：Make a poster of Little Rabbit of yourself

【设计意图】 展示学生自己拍摄的VCR，让学生观察到自己身边同学的闪光点，并由故事联系自己的生活实际，想想自己的优点和缺点，真正体验故事所传达的自信精神。在作业设计中让学生选择故事主人公或者自己制作海报，让学生的情感体验得到更广泛的延伸。

【思想穿行】 感知语言——聚集语言——运用语言——延伸语言

一堂好的英语课要上出“童味”来，就应该从儿童的角度出发，充分激发儿童的兴趣，发展儿童的思维，培养儿童的语言表达，拓展儿童的情感体验，让课堂成为儿童获得成功体验和乐趣的舞台。“童味英语”采用的是“感知语言——聚焦语言——运用语言——延伸语言”的教学模式。

1. 引入话题，感知语言。以“引入话题，感知语言”为导向，教师带领儿童融入故事文本中形象、生动的话题情景，初步感知语言，在第一时间激发了儿童学习话题语言的兴趣，在语境中激发儿童的话题意识，让儿童快速进入角色，激发儿童深入学习英语的欲望，让他们有所期待。

2. 推进任务，聚焦语言。以“推进任务，聚焦语言”为发展，儿童以任务为驱动进行探索实践和深入感悟，通过多样化的创新任务激发儿童的乐趣，让学生在不同的任务中巩固核心语言知识，深入理解和品读文本故事，从而获得语言知识技能。

3. 建构支架，运用语言。以“建构支架，运用语言”为策略，儿童根据教师给予的支架进行语用输出，用自己的语言来丰富和充实支架，用自己的语言来表达话题，从而将语言的综合运用能力发挥得淋漓尽致。

4. 体验情感，延伸语言。以“体验情感，延伸语言”为拓展，儿童将课堂所学的故事与自己的生活实际相联系，尝试将故事文本转移到生活中进行延伸，真正体验故事文本中的育人价值和情感。

可见，这一教学模式贴近儿童的发展规律，将“童味”巧妙地融入课堂，具有导向性、发展性、策略性、拓展性。在这一教学模式的指导下，孩子们可以层层体验到英语学习的快乐，并有效提高儿童的知识水平和能力。

【精彩瞬间】 让儿童沉浸于童话世界

牛津英语 4A *M3U1 Animal School* 教学片段：

师：This is our school. Let's watch the video of our school. You can enjoy our school life and sing the song “Our school will shine”.

（After watching the video and singing the song）

师：How is the life in our school?

生：It's so ...（beautiful，shiny，nice，wonderful ...）

师：Wow，the school is so beautiful and shiny. You can enjoy a lot of activities in our school. Maybe you can draw Chinese Painting，play Kongfu，DIY or do many other interesting things. Can you share it with the class?

生：（Showing the pictures or the posters）This is my school. There is/are ... I can ... in it. I like ... I think it is ...

师：Wow，you have wonderful school life. But today I want to show you a totally different school. There aren't any classrooms，libraries or playgrounds in it. Can you guess where it is and what's there?

（After group discussing，share their ideas in the class）

生 1：Is it in the space? Maybe there are some spaceships and spacemen.

生 2：Is it a school in a castle? There is a beautiful princess and a handsome prince.

生 3：Maybe it is in the forest. The animals can also study.

…

师：You are so imaginative. Today I will show you an interesting animal school. Who is the teacher? Who are the students? And what happens? Do you want to go to Animal School with me?

生：Sure.

师：Are you ready? Here we go.

教师用学生熟悉的、喜爱的并且与话题相关的歌来进行教学，在视听和唱一唱的过程中融入情景，让学生真正进入角色，激起童趣；又通过对话交流，让学生用自己的语言去感知和描述他们熟悉的、喜爱的生活，充满童味；同时，开放式的话题能调动学生的积极性，让学生用自己的思维方式去猜测和想象主题世界，学生有话说，也乐意说，享受童乐。这就打造了属于学生自己的富有童味的英语课堂。

（许娇娇）

本心语文：让儿童的思想敞亮而自由

语文学习是本色本心的学习，追寻人之本心，追寻语文之本心，追寻教育之本心。摒弃浮华，扎实地学、自然地学、从容地学。引领孩子与文本、与内心进行思想的交流、智慧的碰撞、心灵的感悟、感情的迸发，从而达到思想的敞亮和自由。

【灵魂渗香】 本心语文：让儿童的思想敞亮而自由

【课堂全景】 《燕子专列》

【思想穿行】 初见本心——切近本心——触摸本心——感悟本心

【精彩瞬间】 让儿童绽放自由思想的花朵

【灵魂渗香】 本心语文：让儿童的思想敞亮而自由

所谓本心，可指人原本的天性，也可以指事物最初的本质。教育的本心就是尊重人，尊重孩子。每一个孩子都有别人比不过的闪光点，每一个孩子都有自己的能力和特长，每一个孩子都有自己的思想和感悟，教师要尊重孩子，追寻教育的本心。语文的本心则要尊重语言文字，尊重作品。教师要回归作品的本心，站在语言的立场，以朴素之道解读文本，触摸文本的本色本心。

随着新教材的推广使用，教师在为语言学习增添活力的同时，也频频施展出各种“乱花渐欲迷人眼”的新奇手段：或是拓展方面太多，把一堂语文课变成了地理课乃至音乐课，严重脱离了语文教学的本质；或是和多媒体设备结缘太深，一整堂课充斥着眼花缭乱的视频片段，大量的声音动画让孩子们难以深入了解课文……本心语文，即去芜存精，摒弃一切浮夸的手段，让学生真正体悟到语文学习的要髓。没有对目标的随意拔高，没有偏离目标的教学内容，没有追求热闹的无效环节，没有远离学生的抽象语言，给如今愈发偏离语文教学原意的课堂一次回归本心的反思。

一、教学目标求本源

教学的目标是要追求语文教学的本源，即课标的要求、文本的诉求、学生的需求。这就要求我们准确地研究每一个年级的语文教学标准，把握这一年级的训练重点；要求我们准确地解读文本，把握文本的语文特点和人文内涵；要求我们准确地分析学生情况，把握学生的已知、半知和未知。只有这样，才能让教学目标相对集中、明确、贴切。

在教《燕子专列》一文时，原先定的教学目标是：

1. 学会"适、殊、境、骤、跋、涉、府、呼、吁、即"10 个生字，理解"骤降"和"料峭"等词语的意思；积累描写天气寒冷的词语。

2. 通过重点词句，体会恶劣天气、环境和人们奉献爱心的关系，感受这样写的表达效果。

3. 感受贯穿全文的爱心，提高爱护鸟类的意识，传递保护的理念。

在本源教学的指导思想下，对教学目标进行反思：课标要求学生能运用已有的识字能力自主识字，三年级的学生已经具备自主识字的能力，"目标 1"应放手让学生去学习，在此基础上识记和积累，这样更符合年段要求，但文本中"跋涉"一词是学生容易写错的，其字形也应该是重点学习的；本单元的目标是"学习正确流利地朗读课文"，但在"目标 2"中没有明确体现出来，而且文本中"体会表达效果"高于三年级学生的已有知识结构，反而对"燕子遇到的麻烦""人们的拯救行动"所总结的先概括后具体的方法是三年级学生通过朗读应掌握的表达方法；而"目标 3"脱离了语境的情感教条。于是重新制定了这篇课文的教学目标：

1. 在阅读中识记学会"适、殊、境、骤、跋、涉、府、呼、吁、即"10 个生字，学习"跋涉"的书写，理解并积累"骤降、呼吁、跋涉、料峭、饥寒交迫"等词语。

2. 正确、流利地朗读课文，理解燕子遇到的麻烦及人们的拯救行动，并体会课文先概括后具体的写作方法。

3. 抓住"呼吁""四处寻找""她一点也不在乎"等重点词句，感受瑞士人民对燕子的关爱之情，懂得对生命的敬重。

基于课标、基于文本、基于学情，集中、明确、贴切的教学目标才是有效的。只有追求本源，我们的课堂才是有根的课堂，才会是有生命力的课堂。

二、教学内容求本质

语文教学最忌讳的是不懂得取舍，什么都想要，教学目标如此，教学内容也如此。所谓“删繁就简三秋树”，强调的是删除繁琐追求简洁的重要性。在语文教学中，我们强调要抓住其本质，即本心语文的灵魂。很多课上，老师既想强调与生活的联系，又想兼顾课后的练习；既想学科渗透，又想突出学科训练重点，过多地展开旁支，于是无意间将作者简介演绎成了名人传记，背景介绍丰富成了历史演义，表达训练变成了说话写话。所以，教学内容的确定应该紧紧围绕着教学目标，抓住教学的重难点，真实地体现语文学科的本色，即语言的理解与运用。

有教师这样上《燕子专列》：开始，为了让学生了解瑞士，用了一大段的媒体资料介绍了瑞士的地图和国境线，随后又用媒体资料展示了燕子专列的画面引出主题；中间，为了让学生了解燕子在瑞士境内遇到的麻烦，又用一大段图片资料展示了当时的场面；最后，为了让学生理解当时瑞士政府的呼吁，老师又用录音资料播放了瑞士政府广播的内容。在这样一堂课上，教学内容主次不分，严重脱离了文本本身的语言内涵，冲淡了语文教学的主题，背离了语文教学的本质。

司空图在《诗品》中讲，“生气远出，妙造自然”，苏轼有言，“无穷出清新”、“绚烂之极归于平淡”，两者强调的是“自然”和“平淡”的重要性。语文的教学也应该追求这种自然质朴和平淡清新的教学效果。所谓“大道至简”、“见素抱朴”，其实说的就是这个意思。太过复杂的旁枝末节只会干扰学生对于课文的真实感悟，最终只会本末倒置。

图片展示燕子遇到的麻烦这一教学内容的目标是让学生感受燕子濒临死亡的危急性。如何实现这一教学目标？把关注点放在“气温骤降、饥寒交迫、长途跋涉”等关键词语，再通过学生自身体会表达燕子遇到的麻烦，这样就能让学生真切感受燕子的糟糕境遇，萌发同情心了。这样凸显教学内容本质的课堂才会是清新的课堂，让人如沐春风。

三、教学环节求本真

本真语文的教学环节应该简洁明了，任务清晰，不宜为追求猎奇而刻意讲究热闹新颖。在听课的小组合作讨论的环节中，经常看到这样的情景：看似孩子们热热闹闹地在讨论，殊不知有的小组只是在分配任务，有的只有几个的学生在发表意见，有的在进行一种没有目的无效的讨论。教学环节中诸如此类的“角色表演、同桌交流”等等都成了摆设，没有真实地体现出语文理解与运用的学科本色。

例如，在教《燕子专列》一课时，当学生了解了小贝蒂救护小燕子的做法以后，设计了这样一个教学环节：小贝蒂只是瑞士人民中的一员，同桌交流，其他居民是怎样救护小燕子的？建议用上“________听到消息，________，来到________寻找燕子。他（她）在________找到了一只小燕子，________”这样的句式（每人选一个任务说一说）。由于学生已经学过课文概括的写法“居民们纷纷走出家门，冒着春寒，顶着漫天飞舞的大雪，踏着冻得坚硬的山路，四处寻找冻僵的燕子”，也学过课文具体写小贝蒂救护小燕子的做法，在已有句式这个“拐杖”的提示下，通过要求每人说一说的任务，让同桌交流成为学生自主表达、相互学习语言运用的有效环节。而之后的大组交流，让学生通过不同的人物、不同的地点真正地理解了“居民纷纷外出”和“四处寻找”的涵义，还落实了朗读训练。这一环节的目的依然是让学生关注文本，心中时时刻刻有文本。实现语言文字的理解感悟和运用。看似简单的环节，却达到了多种用途，激发了每一个孩子表达的欲望，提高了语言运用的能力从而准确地理解了文本。

四、教学语言求本色

本真语文的教学语言应该是干练简洁、重点突出、风趣生动的。时下，很多教师都很关注教学语言，课堂导入、环节过渡、提问点拨、评价用语、环节小结等都精雕细琢，甚至为了体现教师的语言功底，不惜口若悬河、典故叠加，听得学生云里雾里。诚然，教师的教学语言是学生学习的榜样，作为语文教师要不断汲取中华语言的养料，提升自身的语言功底，但是在课堂上讲让学生听得懂的话，风趣生动地呈现教学语言，更能彰显一名教师的教学水准。

例如《燕子专列》一课，为了让学生理解"呼吁"一词，并感受瑞士政府对燕子的关爱，设计了"让学生根据上下文，说说瑞士政府在电话和广播中是怎么说的"环节学生在思考后进行了表达：一位学生说："居民朋友们，这几天气温骤降，有成千上万只燕子饥寒交迫，濒临死亡。我们决定把燕子送到温暖的地方去，希望广大市民去寻找燕子。"教师进行评价："说清了原因和事件，但是没有说清政府的决定和具体的要求。"另外一位学生作了进一步修改："市民们，近日气温骤降，成千上万只燕子饥寒交迫，濒临死亡。我们决定用火车把这些燕子送到温暖的地方去，希望广大市民立即行动起来，寻找燕子，把它们送到火车站去。"教师评价："既说清了原因和事件，也说清了政府的决定和具体的做法。市民们清楚了政府的呼吁，理解行动起来了。"教师的两次点评都是简明扼要地指出语言表达的要求，使学生明白了"呼吁"既要说清发生了什么事，还要说清要求别人怎么做，从而真正理解了"呼吁"的含义。

教师的教学语言不管是点评还是小结，不管是导入还是过渡，都不要啰嗦琐碎和过分繁丽，而是要符合教学的目标、文本的意境和学生的需要，做到春雨滴滴，滋润人心。

五、教学方法求本务

语文教学应着眼于全面提高学生的语文素质：①突出实用性；②加强文学教育；③重视学生的个性特长；④重视培养学生的自学能力。

语文教学的方法精彩纷呈，讲授法、谈论法、演示法、练习法、讨论法等等，但不管是什么方法，其首要任务是提高学生的语文素质。因此我们应在层出不穷的新方法、新教法面前坚守本心，要提倡和探索能培养学生语文实用能力、提升审美能力、发展学生思维和鼓励学生个性成长的方法。

《燕子专列》中为了让学生理解“小贝蒂只是瑞士居民中的一员，救助小燕子的是全体的瑞士居民”的这一事件，就选择了情境法。通过创设一个又一个情境帮助学生理解刚下班的爸爸、在烧饭的奶奶、在谈生意的商人、在购买东西的邻居等不同类型的人都会加入到救援小燕子的队伍中，让学生懂得只有瑞士人全民总动员，才能救助更多的燕子，才能创造瑞士优美和平的环境。这种授课方式没有使用讲授法，也没有让学生讨论，而是通过情境的创设，让学生融入情境融入文本，与作者对话，感受作者所要表达的意蕴。

语文教学的方法应该是灵活多变、百花齐放的，根据文本和学生认知的需要，追求语文教学之本务，选择最适切的方法，让课堂成为学生灵动学习的场所。

本心语文，让我们不断思考语文教学最初的心愿，在教学目标设定时，在教学内容确定时，在教学环节设计时，在教学语言运用时，在教学方法选择时，都应该追寻人之本心，追寻语文之本心，追寻教育之本心。摒弃浮华，扎实地学、自然地学、从容地学，引领孩子与文本、与内心进行思想的交流、智慧的碰撞、心灵的感悟、感情的迸发，从而达到思想的敞亮和自由，实现我们教学语文的初心。

【课堂全景】《燕子专列》

教学目标：

1. 学会“适、殊、境、骤、跋、涉、府、呼、吁、即”10个生字，指导学生注意“跋涉”的字形，理解并积累“骤降、呼吁、跋涉、料峭、饥寒交迫”等词语。

2. 引导学生通过重点词句及段落，理解燕子遇到的麻烦及人们的拯救行动，并体会课文先概括后具体的写作方法。

3. 有感情地朗读课文，感悟瑞士人民对燕子的关爱之情，懂得对生命的敬重。

教学过程：

一、解词析题，初见本心

1. 板书“专列”，理解“专列”。

2. 出示新闻，理解“专列”。

3. 出示图片，补全课题，理解课题。

4. 质疑。

【设计意图】 让学生运用已有的生活经验和知识技能，从字面上进行理解，锻炼了学生阅读新闻、提取信息的能力。让学生结合生活理解了“专列”，这样的设计是贴近“地面”的，是以学生为本的。

二、自由感知，切近本心

1. 自由默读课文，读准字音、读通句子。

正音：骤降、料峭、濒临死亡、呼吁、立即

2. 借助词语“瑞士、麻烦、专列”，概括课文主要内容。

【设计意图】 感知主要内容有多种方法，提供填空、提示词语、提供基本句式、摘录关键词语是三年级常用的方法。这一环节的设计让学生在感知课文主要内容时有支架、有方法，正是因为这一支架，学生了解了课文的主要内容，更切身地体会概括课文内容的方法。从而可以抓住关键词语，说清时间、地点、主要事件。

三、引读圈划，触摸本心

（一）学习第2节

燕子遇到了哪些麻烦呢？请同学们自由默读第2节，圈圈关键的词语，说说燕子遇到的麻烦。

1. 交流。

（1）理解“气温骤降”，感受“寒冷”。

(2) 理解“饥寒交迫”，感受“饥饿”。

(3) 理解“长途跋涉”，指导书写“跋涉”，感受“疲劳”。

2. 理解“濒临死亡”，感受小燕子处境的危险。

3. 指导朗读。

4. 过渡：瑞士政府决定用火车把燕子送到温暖的地方去。

【设计意图】 就学生写作的现状而言，解决文章内容的空洞苍白，掌握一些基本的写作方法是更为紧迫的任务。所以，在阅读的过程中要引导学生体会并学习文章的表达方式。这一环节尝试通过默读圈划关键的词语，引读了解作者从概括到具体的写法，理解品味情况危机，朗读激发学生对燕子的怜爱、担心。

(二) 学习第 3、4 节

1. 可是，怎么让在风雪中的燕子乘上专列呢？瑞士政府与人民分别是怎么做的呢？出示 3、4 小节，请同学自由读读 3、4 小节，直线划出瑞士政府的做法，浪线划出人们的做法进行交流。

2. 出示句子：于是，政府通过电视和广播呼吁人们立即行动起来，寻找燕子，把它们送到火车站。

(1) 理解“呼吁”。

(2) 拓展说话：政府呼吁人们做什么。

3. 听到政府的呼吁，人们又是怎么做的？

(1) 齐读：“听到消息后，居民们纷纷……四处寻找冻僵的燕子。”圈出表示居民动作的词语。个读、引读。

(2) 感受当时的情境，指导朗读。

4. 学习第 4 节，默读贝蒂救护燕子的段落。

(1) 自由感知，初见本心：划下最让你感动的句子。

(2) 引读圈划，感悟本心：寒冷的冬天，小贝蒂会被冻得怎样？

(3) 拓展说话，体会本心：

① 小贝蒂不在乎……，不在乎……，只在乎……

② 她在一棵松树下，又找到了一只正在瑟瑟发抖的燕子！她当时会怎么做呢？怎么说呢？

(4) 品味升华，把握本心。

【设计意图】 这是本真语文基本模式的再一次呈现，其基本教学模式是“初见本心——感悟本心——体会本心——把握本心”，而这一环节的设计是以文本为载体，基于学生学情，指导学生阅读、理解、品味，来激发学生真情实感。

5. 情境说话，理解贝蒂是瑞士人民中的一员，了解课文先概括再具体的写法。

6. 感悟真情，配乐朗读。

四、品味升华，感悟本心

1. 感受倒叙的写法，默读开头一幕。

理解“舒适”、“站满了”、“特殊”等词语的涵义，品味这个感人的一幕。

2. 齐读课文：“看，列车开动了。”

3. 总结全文，布置作业。

一星作业：瑞士政府准备呼吁人们寻找冻僵的燕子，并把他们送到火车站。请你当一回政府的新闻发言人，写一份呼吁稿。

二星作业：小贝蒂是怎么救护小燕子的？请你选择一个场景来说说她是怎么做、怎么说的？

三星作业：学习课文第 3 节和第 4 节的写法，用自己的话写一写其他居民救助小燕子的过程。(先概括后具体)

【设计意图】 这一课作业的设计体现了差异性和选择性，学生可以根据自己的能力选择自己力所能及的作业。作业的设计还要和课堂保持一致，这些作业是根据本课教学重点而设计的，也是学生在课堂上有过尝试的，对学生来说是跳一跳能摘到的果子，作业负担也较为适切。

思想穿行:初见本心——切近本心——触摸本心——感悟本心

本心语文,讲究的是一种触手可及的真实感,它是跃然纸上的生活缩影。唯有真实,才会具有最打动人心的力量。本心语文的教学模式为:初见本心——切近本心——触摸本心——感悟本心。这种教学模式,是在追求语文学科的本质,是在追求学生本心的需求,是在追求语文课文本真的诉求。

1. 初见本心。"初见本心"是开门见山式的导入,是基于学生的疑惑进行的诠释,也是基于文本的题眼进行的解析,使学生在开始学习时触摸到文本的气息。

2. 切近本心。"切近本心"是教学模式的操作前提,即学生在阅读初期,可以通过自由默读,以自己最初最本真的感受来了解课文的内容,用自己之前在生活中早已体悟的点点滴滴来感悟课文所蕴含的情感,这是学生学习的基础,可以让老师清楚地知道什么是学生已经了解的,什么是学生感悟得到的,什么是需要老师引导的。这也是基于本真语文追求语文教学的本源这一核心价值的理念出发的,即教学的设计与过程应该基于学生语文学习的需求。

3. 触摸本心。"触摸本心"是教师基于学生学情,设计关键问题,引导学生圈划重点词句,运用已有方法进行理解的过程。这一过程要求教师充分地解读文本,根据课程标准和学生的实际需求设计环节,既帮助学生理解文本,又教给学生阅读的方法。通过读一读、圈一圈、划一划、议一议、说一说等方法,启发学生与文本对话,与作者对话,与自己对话。

4. 感悟本心。"感悟本心"是以学生的体验为本,让学生们阐述在课文中所理解的人文情怀,表达出自己的观点。就如复旦前校长杨玉良开学典礼上所说的"悟道",语文也需要悟道。书本就是生活,如走万里路,需要一个脚印一个脚印去踩,一分一秒地去感悟。

精彩瞬间：让儿童绽放自由思想的花朵

三年级语文《燕子专列》精彩教学片断：

（一）自由感知，初见本心

师：在瑞士居民们中，有一个和我们差不多大小的女孩叫贝蒂，她和爸爸妈妈一起寻找燕子。请同学们默读第四自然段，静静地体会，划下最让你感动的句子，并说说理由。

生：我找到的句子是："她的脸冻得通红，手冻得僵硬，但她一点儿也不在乎。"我觉得小贝蒂一心想救燕子，都不在乎自己了。

（二）引读圈划，感悟本心

师出示：她的脸冻得通红，手冻得僵硬，但她一点儿也不在乎。

师引读：她的脸冻得……，她的手冻得……

师引说：她的嘴唇冻得……

生1：她的嘴唇冻得发紫。

生2：她的嘴唇冻得裂开。

师引说：她的耳朵冻得……

生1：她的耳朵冻得发麻。

生2：她的耳朵冻得生疼。

师引说：但是她一点也……不在乎。

（三）拓展说话，体会本心

师问：读读前文，此时的小贝蒂在乎的是什么？（出示句式）谁能用这样的句式来说说?

生1:此时的小贝蒂不在乎脸冻得通红,不在乎手冻得僵硬,只在乎小燕子的生命。

师评价:小贝蒂一心想着燕子。

生2:此时的小贝蒂不在乎雪下得有多大,不在乎路有多难走,只在乎自己能救多少燕子。

师评价:真会读书,能用上前文中的语句。

生3:此时的小贝蒂不在乎耳朵冻得要裂开似的,也不在乎手冻得僵硬,只在乎能不能找到小燕子。

师:小燕子的生死牵挂着小贝蒂的心哪!让我们一起读读这个句子。

生齐读:一个叫贝蒂的小姑娘,听到广播后,和爸爸妈妈一起,在覆盖着皑皑白雪的山间岩缝里,寻找冻僵的燕子。一天下来,她一个人就救护了十几只燕子。她的脸冻得通红,手冻得僵硬,但她一点儿也不在乎。

师:(出示插图)瞧,她在一棵松树下,又找到了一只正在瑟瑟发抖的燕子!她当时会怎么做呢?怎么说呢?同桌之间说一说。

同桌互说。

师:我们来交流交流。

生1:她在一棵松树下,又找到了一只正在瑟瑟发抖的燕子。她蹲下身子,轻轻地捧起小燕子,一边抚摸着,一边说:"可怜的小燕子,你坚持住,我一定会把你送到温暖的地方去的。"说着,她小心翼翼地把小燕子放进自己的口袋里。

师评价:小燕子很脆弱,要小心啊!

生2:她在一棵松树下,又找到了一只正在瑟瑟发抖的燕子。她赶紧蹲下身子,一边小心翼翼地捧起小燕子,一边说:"小燕子,别害怕!我来救你了!"她轻轻地对着燕子哈着热气,随后把它放进背包。

师评价:真是一个有爱心的孩子。

（四）品味升华，把握本心

师：看到冒着严寒救助小燕子的小贝蒂，你想说什么？

生1：小贝蒂真勇敢，不怕寒风，不怕严冬，心里只想着救燕子，她真有爱心。

生2：小贝蒂这么小，在这样的天气里，应该躲在家里，可她却不顾寒冷和困难去山间岩缝寻找燕子，真了不起！

师：是呀，小贝蒂是在用心救助燕子，用爱救助这可爱的生命呀。让我们把这份爱通过朗读来传达吧。

学生齐读第4节。

本心语文，不盲目求成，不急功近利，不迎合潮流，遵循语言发展的客观规律，遵循儿童成长的客观规律，实实在在，在喧嚣中寻求一份文学的静，在浮躁中觅得一份语言的真，在朴实中保留一份教育的纯。

（何春秀）

想象数学：让学生插上思维的翅膀

想象是智力活动的翅膀，是智力活动富有创造性的重要条件，数学想象是数学思维探索的翅膀。爱因斯坦说："想象比知识更重要，因为知识是有限的，而想象可以包罗整个宇宙。"想象在教学中为学生搭建了通往数学本质认识的桥梁，使学生能够真正理解数学。在潜移默化中，激发学生借助已有的数学知识发挥想象，培养学生的创新意识，让孩子们一生在数学的道路上越走越远，学终身受用的数学！

【灵魂渗香】 想象数学：让学生插上思维的翅膀

【课堂全景】 《线段、射线和直线》

【思想穿行】 渐入佳境——创设氛围——延伸空间——留存余韵

【精彩瞬间】 让"想象"的芬芳溢满课堂

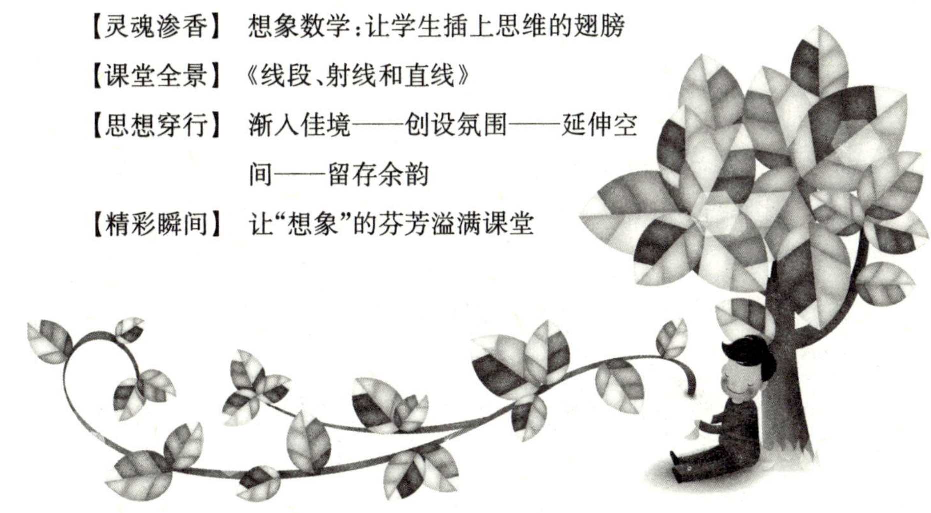

【灵魂渗香】 想象数学:让学生插上思维的翅膀

想象是对头脑中已有的表象进行加工改造、形成新形象的心理过程。小学生已有的数学对象在头脑中所反映出来的形象,都可以看作数学表象。我们把人脑在各种数学对象的刺激下,以已有的数学表象为材料,通过分析综合的加工过程和改造作用,构造出新的数学表象的过程,称为数学想象。这种构造新的数学表象的能力,叫做数学想象力。

现代的教育理念应该是以人为本,以人为本就要站在学生的立场上去思考问题,数学教育改革应当强调关注学生的发展,小学数学的首要任务是培养学生良好的学习习惯,即探索、交流、思考、质疑的习惯。《义务教育数学课程目标(2011版)》明确了数学课程与教学的基本目标,即让学生在数学学习中获得适应社会生活和进一步发展所必需的数学基本知识、基本技能、基本思想和基本活动经验。数学想象是一种具有数学思维特点,在教学中有着重要作用的智力活动,它对于学生"四基"的培养,学生数学素养的形成有着不可忽略的作用。

在平时的教学中,我非常重视数学想象这一思维活动,课堂上善于激发学生借助已有的数学知识发挥想象,经历从感性认识飞跃到理性认识的数学活动,努力实现"少教多学"。本文以《线段、射线和直线》一课为例,从以下三个方面具体阐述想象数学在课堂教学中的运用。

一、想象中建立数学概念,关注知识内化

数学想象要有扎实的基础知识和丰富的经验支持,在教学实践中,我们培养学生

的想象力,首先要使学生学好有关的基础知识。《线段、射线和直线》一课,在"认识射线"这一环节,先由一束光线受到月球阻碍为引子让学生用数学图形"线段"表示,找到它的两个端点是月球和发射器,长度是380 000千米,随即让学生想象一下:如果这束光线在太空中没有受到月球的阻碍,继续往前,走了一段,又停止了,它是否还是一条线段?这是第一次安排学生的想象活动,学生不难发现,还是一条线段,而且这条线段比刚才更加长。接着,安排学生第二次想象活动:大家再来想象一下,如果这束光线在太空中没有受到月球以及任何东西的阻碍,它会怎么样下去?学生七嘴八舌说,会永远永远下去……无限长在实际操作过程中会遇到有限区间的阻碍,这时让学生展开想象恰逢其时,所以我让学生再次闭上眼睛想象一下,为学生的思维添了一把火,让学生及时体验这束光线形成的图形的特点。随着多媒体演示这束光线不断延伸,教师不停地追问:"还能再延伸吗?"把学生的思维纳入到想象的轨道上来。学生通过想象,感悟它会一直延伸下去,甚至有学生说,它会变成一条射线。

丰富表象,拉近学生和射线的距离。表象是指过去感知过的事物形象在头脑中再现的过程,小学生想象的水平主要是由表象的数量和质量决定的,因此已储存的清晰正确的表象对象对想象而言是比较重要的。感知越丰富,建立的表象越清晰、概括。在上述环节中,采取"数次延长"的办法来丰富表象,多媒体演示线段一端无限延长;延长一段后停下来,让学生观察一下,再想一下:还可以再延长吗?然后再继续延长一段,再让学生感知一下……慢慢地延伸下去,直到延伸到屏幕的边沿,在多次反复的感知下,学生头脑中逐步形成"不断延伸"的表象。学生根据这一表象,顺理成章地内化出射线这一概念。这样,教师在教学活动中创造条件,采取一定的方式,不断丰富学生的表象储备,改进其质量,充实其数量。

又如:在引出直线的三个概念教完后,组织学生展开想象"一条直线可不可以得到一条射线、线段",以揭示并理解三者之间的关系。通过想象,打通了知识脉络,明确了线段、射线都是直线的一部分,学生对概念达到深度理解,获取了知识间的内在联系,充分加深了学生对数学知识的深刻理解。

二、想象中感悟数学思想，培养创新意识

义务教育数学课程的总目标之一：让学生了解数学的价值，提高学习数学的兴趣，增强学好数学的信心，养成良好的学习习惯，具有初步的创新意识和科学态度。

引导学生准确想象是突破射线无限长这个教学难点的好办法。因为想象可以对学生的认知活动进行补充，满足现实中不能实现的需要，有利于突破时间和空间的束缚，使学生的思维达到"思接千载"和"神通万里"的境域。

本节课多次让学生发挥想象，反复感知，逐步积累。如：射线的认识，先让学生想象，借助动手操作，发挥创造力，自己设计一个数学图形，把无限延伸的这束光线画出来，让学生根据头脑中想象的射线样子把射线画出来，只要认为合理的都可以。随后再现学生中三种不同的想象结果：(1)  (2)  (3)  。多好的想象力啊！不管哪种设计都表达了一个意思，那就是"朝着一端无限延伸"，反映了学生无穷的数学创造力！在师生共商下，选取了第三种画法作为无限长的射线的几何图形的表示画法，学生们乐此不疲，体验到了成功的愉悦！这里不仅让学生学会了思考，感悟了无限延伸数学思想，感受数学图式的科学性与简洁性，而且在创造射线的同时，实现认识的理性飞跃，潜移默化中培养了学生的创新意识，教师在教学中为学生搭建了通往数学本质认识的桥梁，使学生真正理解数学。这才是学生终身受用的！

三、想象中发展空间观念，渗透数学素养

空间观念是数学新课标 10 个核心概念之一，也是小学生数学素养基本标志之一。它主要是指根据物体特征抽象出几何图形，根据几何图形想象出所描述的实际物体，想象出物体的方位和相互之间的位置关系……。因此，这样看来，培养学生空间观念

与数学课上运用想象教学是息息相关的。

《线段、射线和直线》一课重视学生想象，注重让学生用数学的眼光观察事物，培养学习兴趣，发展空间想象力。如：认识了射线AB之后，请学生想象，你觉得射线BA会是一条怎样的射线呢？对射线AB、射线BA作区别、比较。学生由射线AB的概念得到启发，想象知道射线BA是一条从B点出发，向方向A无限延长的射线。

又如：最后的拓展题，把学生的想象力发挥到极致。假设有一张纸是无限大的，这里有两个图形，你觉得它们会相交在一起吗？

如：(1) C D O P

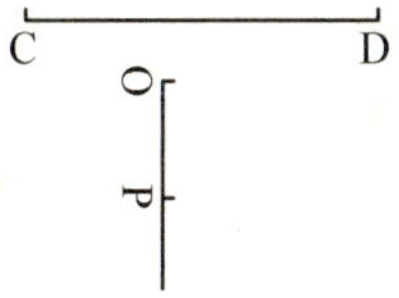

学生认为"哪怕纸再大，它们也不会相交在一起"，因为射线是往下延长的。

再如：(2) O P E F

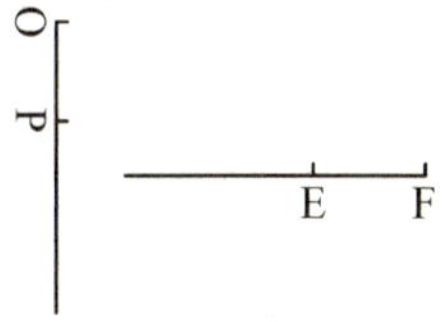

你认为射线FE会和射线OP会相交在一起吗？如果把射线OP擦掉一点，再把射线FE往下挪动一点，还会不会相交？

这里的媒体像是在变着戏法似的，学生不停地在头脑中发挥想象，充分运用这些图形的特点，辨析这些图形的方位和相互之间的位置关系，教师有意识地让学生在想象中发展了他们的空间观念。因此，让学生学会用图形思考、想象问题是研究数学，也是学习数学的基本能力。数学逻辑与数学直观是相互交织关联的。

爱因斯坦说："想象比知识更重要，因为知识是有限的，而想象可以包罗整个宇宙。"想象是思维探索的翅膀。《线段、射线和直线》一课，课堂上充分运用了数学想象这一思维活动，教会学生真正获得数学知识，培养学生数学形象思维的能力。

我们正在努力改进课堂教学，打造以学习过程为重心的数学课堂教学，因为这样的数学课堂关注了学生未来数学知识观的形成，差不多可以决定孩子们一生在数学的道路上能走多远！

【课堂全景】《线段、射线和直线》

教学目标：

1. 联系生活实际，初步建立射线、直线的概念并能说出线段与射线、直线的关系，会用直尺画射线和直线，并会用字母正确表示线段、直线和射线。

2. 初步感知"无限延伸"的含义，感受数学图式的科学性与简洁性，学会用数学的眼光观察事物，感知生活中的数学知识，发展空间想象力，培养学习兴趣。

教学过程：

一、竞猜谜语，渐入想象佳境

1. 小游戏：猜谜语，复习线段特点。

(1) 汇报。(学生抢答)

(2) 小结：线段是直的，有两个端点，可以度量。

2. 提供线段的学习资料，学生自主学习线段的表示方法。

(1) 小结：线段的表示方法和读法。

(2) 寻找身边的"线段"。(学生举例)

【设计意图】 由猜谜语引入，复习旧知。"有始有终"形象地描述了线段的本质特征：直的，有两个端点，可以度量。谜语抢答充分调动了学生学习的兴趣，缩短师生距离，为学生发挥想象创设了轻松愉悦的学习氛围。小资料的介绍，唤起学生对旧知的回忆，对头脑中已有表象的键入为后面的想象活动开启了心理准备。寻找生活中的线段，打开学生思路，让学生渐入想象佳境，激发想象欲望，蓄势待发。

二、构建概念，创设想象氛围

（一）创设情境，认识射线

1. 初步感知"无限延伸"。

利用书本1进行想象：如果线段没有尽头地延伸，这束光线还能看成一条线段吗？（体会"一个端点"、"无限延伸"）

2. 认识"射线"。

（1）学生自己设计图例来表示这束光线。

（2）揭示射线的图示，小结：射线是直的，有一个端点，无法度量。

（3）学生举例。（体会射线的特点以及射线的方向性）

（4）揭示射线的定义，辨析射线的表示方法和读法。

小结：无论以线段的哪一端为端点，都能沿着线段的另一端无限延长，就形成了一条射线。

【设计意图】 对话引出射线，学生先想（如果这束光线没有受到阻碍会怎样下去），后画（自己设计一个数学图形），再反思（三种图形的特点）。这里注重展开想象，鼓励孩子发挥创造力，呈现孩子的不同画法，并且展开争论，给出射线图示的小结，体会图式的科学性与简洁性，学生体验到成功的愉快。最后揭示射线概念，并作辨析。整个环节关注数学思想方法的渗透，感悟教学到位，让学生深刻体验到了"无限延伸"，射线AB与射线BA的辨析，引发了学生的认知冲突。

（二）认识"直线"

1. 提问：一条线段，向它的两端无限地延长，会形成怎样的图形？（看书P80页自习，了解直线的定义、特征及表示方法）

2. 揭示直线的定义与图示。（再次想象，结合表示体会无限延长的方向）

（三）线段、射线和直线之间的关系

1. 借助媒体，形象地演示从线段到射线，再到直线的过程、从直线中截取射线和线段的过程，体会线段和射线都是直线的一部分。

2. 学生总结三者之间的联系与区别。

3. 揭示课题。

【设计意图】 直线的教学采用问题导向自学，给出三个问题，让学生带着问题先独立思考，再讨论，最后以看书验证猜想的正确与否。同时注重方法上的迁移，有了射线的学习经历，知道了“线段向一段无限延长所得到的图形叫射线”，那么“线段向两端无限延长所得到的图形叫什么”的问题也就迎刃而解了。

三者比较的环节，注重概念的形成，揭示三者的内在联系，对射线、直线学生自己编谜面(有始无终、无始无终)，与课一开始前后呼应，恰到好处，把三者的区别概括出来了，打通知识脉络，加深学生的印象。

三、推行实践，延伸想象空间

(一) 基本练习

判断：下图是直线、射线还是线段？

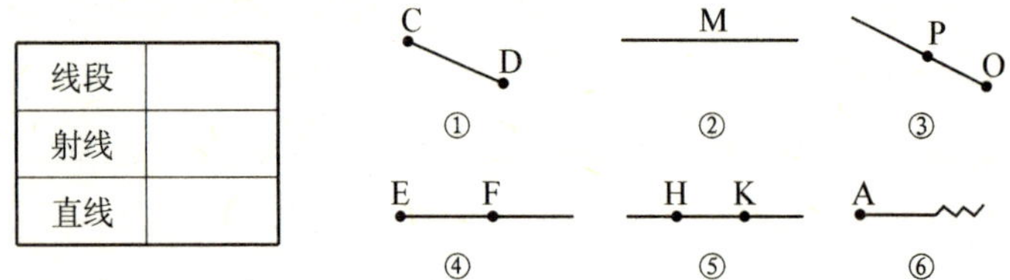

线段	
射线	
直线	

(二) 变式练习

判断对错：

1. 我画了一条长 5 cm 的直线。 (　　)

2. 射线和线段是直线的一部分。 (　　)

3. 一条射线上有无数个点，但端点只有一个。 (　　)

4. 射线 AB 和射线 AC 是同一条射线。 (　　)

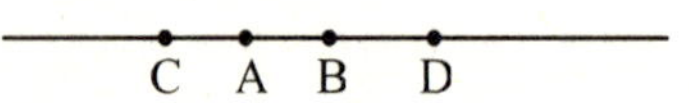

（三）拓展练习

1. 尝试发现过一点的射线和直线有无数条。

找到生活中类似现象。（太阳光等）

2. 尝试发现过两点只有一条直线，即两点确定一条直线。

介绍生活中应用两点确定一条直线的知识。（建筑工人砌墙等）

3. 尝试发现过两点可以有两条不同的射线。（学生动手画）

4. 给出一组同一平面内的线段、直线和射线，判断位置关系。

【设计意图】 三个层次的练习设计，关注了层次性，循序渐进，坡度适当；题型多样化，有选择、判断、画图、应用，书面与操作、口头相结合；同时更关注了思考性，注重认识的深化。三个公理的推出，可以说是这节课的又一大亮点。限时 15 秒画“过一点”的射线与直线，学生感觉时间不够，画不完；同样 15 秒画“过两点”的射线和直线，学生没用完时间就停下来了。师生间巧妙的对话，短暂的相互交流，得到共鸣，大家一起分享结论，水到渠成，又一次展示了想象的魅力！最后的拓展题，充分运用三者的特点，使学生的想象力发挥到了极致！

四、注重整理，留存想象余韵

学完这节课，你有什么收获？请你自己评价一下，你的表现怎样？

【思想穿行】 渐入佳境——创设氛围——延伸空间——留存余韵

想象数学，是在课堂上让学生借助已有的数学知识发挥想象，经历从感性认识到理性认识的飞跃；数学想象是一种在教学中有着重要作用的数学思维活动，对学生数学素养的形成有着不可忽略的作用。课堂上运用多种方法，（竞）猜谜语——唤醒旧知，键入表象——渐入想象佳境；（构）建概念——展开想象，自编谜语——创设想象氛围;(注)重实践——理性思辨,巧妙对话——延伸想象空间。

1. 渐入佳境。“竞猜谜语,渐入想象佳境”——谜语抢答充分打开了学生的思路,为学生发挥想象创设了轻松愉悦的学习氛围,让学生逐步进入无拘无束的想象佳境,为想象活动开启了心理准备,激发学生想象欲望。

2. 创设氛围。“构建概念,创设想象氛围”——数学想象要有扎实的基础知识和丰富的经验支持,通过对话,获取了知识间的内在联系,打通知识脉络。展开想象,鼓励学生发挥创造力,创设想象情境,提供想象材料,诱发学生无穷的创造性想象。

3. 延伸空间。“推行实践,延伸想象空间”——想象是思维探索的翅膀。引导学生进行数学想象,往往能缩短解决问题的时间,获得数学发现的机会,锻炼数学思维。实践操作,变换想象平台,把学生的思维再次纳入到想象的轨道上来,延伸想象空间。

4. 留存余韵。“注重整理,留存想象余韵”——简单的梳理,理清知识的内在联系,形成系统的知识网络。通过巧设疑问、营造氛围,提高学生的注意力,培养学生的思维能力。自我评价,促进师生、生生之间相互交流,激发学生学习的热情和积极性,让想象留存余韵!

【精彩瞬间】 让“想象”的芬芳溢满课堂

四年级第一学期《线段、射线和直线》教学片断:

师:老师呀,在生活中找到一种现象,大家来看一下。1969 年……

师:思考一下,这束光线我可以用一个什么数学图形来表示?(齐声说射线),仔细想想,你来说——

生:线段。

师:对呀,它是否满足线段的所有特点呢?(是)

生：它有两个端点，而且是直的。

师：两个端点分别在哪里呢？

生：月球和发射器。

师：它可以度量吗？长多少？（380 000千米）

师：同学们想象一下，如果这束光线在太空中没有受到月球的阻碍，继续往前，走了一段，又停止了，它是否还是一条线段？（生：是）而且我们可以说，这条线段比刚才更加（生：长）。大家再来想象一下，如果这束光线在太空中没有受到月球以及任何东西的阻碍，它会怎么样下去？（生：永远永远……）

师：闭上眼睛想象一下，好了吗？谁来说？

生：它会一直延伸下去，变成射线。

……

师：那么，同学们，你们在生活中哪里有见到过这样的射线呀？

生：射灯。

师：真棒耶！表扬一下他！（出示媒体）是这个意思吗？我们看，这些光线如果没有受到任何阻碍的话，都可以把它看成是一条（生：射线）。

师：大家看，老师手上有支什么？（生：激光笔）如果我把它往上，哇，这束光线受到天花板的阻碍的话，我可以把它看成是一条（生：线段）。想象一下，如果这里没有阻碍，（生齐：无限延长）可以把它看成一条（生：射线）。它的起点在哪里？方向是怎么样的呢？谁来比划一下，你来比划一下，这样的，是吗？好，再想象一下，如果我往这里射，受到阻碍了，它就形成了一条（生：线段），如果没有窗帘的阻碍，一直往外，无限延伸，这是一条（生：射线），方向是怎么样的？谁比划一下，这位男生，这样的，同意吗？

师：我们来看一下，这些光线都可以看作是射线，但这些射线有什么不一样？（生：方向不一样）

师：真棒！学到这里，大家来思考这样一个问题，这样一条线段我们经过怎样的变化，它会变成射线？

生：去掉一个端点。

师：去掉一个端点的目的是为了让它怎么样呢？（生：无限延长）

（出示概念）

师：好的，大家一起来念一下，什么叫做射线？（齐读）

……

师：大家想象一下，你觉得射线BA会是一条怎样的射线呢？

生：从B出发，一直到A，无限延长。

师：是不是这样的一条射线？你会读射线了吗？

……

师：在课的最后呀，我们来发挥一下想象力，假设有一张纸是无限大的，这里有两个图形，你觉得它们会相交在一起吗？（生：会）

师：假设这张纸是无限大的，会的√，不会的×，好吗？准备好了吗？好，开始。都认为会相交在一起，有人认为不会相交在一起，请不会的人说说看，你来——

生：因为它们的方向是不一样的。

师：嗯，射线是朝哪个方向？（生：向下的）哪怕纸再大，它们会相交在一起吗？不会。所以呀，这个真理就掌握在少数人手里。

师：再来，现在看清楚，你认为射线FE会和射线OP相交在一起吗？（生：会）会吗？是不是这样？如果我把它擦掉一点，再把射线FE往下挪动一点，还会不会相交？认为会的人举手，为什么？

生：因为OP会向下无限延长的话，就跟射线FE相交在一起。

师：同意吗？好，最后来了一条直线t，你认为直线t会和哪2个图形，相交在一起？那我也不确定哦，有可能和2个图形、有可能和1个图形。来，这位男生你来说——

生：会和2个图形相交在一起。

师：那么你认为和谁不会相交在一起？（生：射线CD）是不是这样啊？那么会和谁

相交在一起？（生：射线 OP）这样，是吗？还可以和……相交？（生：射线 FE）是这样吗？

师：这样充分地运用到了它们的特点。

师：同学们，这节课对你有什么收获？

以上精彩片段多次安排学生想象活动，“无限长”在实际操作过程中会遇到有限区间的阻碍，这时让学生展开想象恰逢其时，为学生的思维添了一把火。同时，充分运用图形的特点，辨析位置关系，教师有意识地让学生在想象中发展了空间观念。在不断的想象中，激活了学生的思维，促进他们深入探究，课堂因此而绽放异彩。愿我们的数学课堂，变成生命涌动的课堂，让“想象”的芬芳溢满整个课堂！

（胡建群）

“3I”英语：邂逅天马行空的创意

创造力和想象力是人类独有的才能，是人类智慧的生命线。在探索新知识的过程中，想象力是一切希望和灵感的源泉。而每个孩子都是极具创造力和想象力的天才，孩子们天马行空的 ideas 应该在英语课堂上飞翔，孩子们稀奇古怪的 ideas 应该在英语课堂上流淌，孩子们无拘无束的 ideas 应该在英语课堂上徜徉……英语课堂让孩子们的 ideas 成为可贵的创造力和想象力的火花。

【灵魂渗香】 “3I”英语：邂逅天马行空的创意

【课堂全景】 *2B M2U3 Animals I like*

【思想穿行】 创设情景——游戏体验——畅所欲言

【精彩瞬间】 让创造和想象之花绽放

【灵魂渗香】 "3I"英语:邂逅天马行空的创意

"3I"英语,何为"3I"? 第一个"I"代表 Innovation 创造力,第二个"I"代表 Imagination 想象力,而第三个"I"则代表了 Improvement 提高。

教育心理学告诉我们:小学生的年龄特点是好奇心强、模仿性强、生性好动,注意力持续时间相对较短。语言学习本身是较为单调枯燥的,而一味以教师讲、学生听这种教学形式,势必使学生的学习兴趣荡然无存。因此小学英语课堂教学应体现有趣、有用、有效,如何在"三个有"上下功夫是作为一个青年英语老师所要思索的问题。我认为,如今的课堂上应该给予学生充分的时间和空间来进行创新,创新就是最大限度发挥孩子的想象力和创造力。通过创新,学生才会对英语学习保持高昂的兴趣,从而实现课堂的有效性,学生的语用能力也同时得到了提高,这就是"3I"英语: Innovation + Imagination = Improvement,即想象力 + 创造力 = 提高。

那么,如何在课堂上给予学生充分的时间和空间来进行创新呢? 如何才能最大限度发挥孩子的想象力和创造力呢?

一、创设情景,激发 Innovation

学习一种语言一定要有语言环境才能学得好。我们的母语不是英语,如果学习英语是在汉语的氛围下进行的,那么恐怕我们学习十几年都不会比去国外待一个月来得语用能力强。没有英语环境,英语教师就要努力创造英语环境。怎么创设? 在文本再构的基础上,创编故事情景。

创设的故事情景应该具有实际意义,贴近他们的生活、学习经历和社会实际,使学生乐于参与，有话可说。

比如，临近六一儿童节的一堂课，我设计了有关儿童节的情境。一进教室，我就大声对孩子们说："Happy Children's Day!"同学们一下子激动了起来，我让大家互相表达一下祝福，于是教室里大家都争相说着："Happy Children's Day!"彼此庆祝，我知道他们已经牢记这句话。紧接着，我趁热打铁，将我事先准备好的故事娓娓道来，故事讲述了一个女孩如何度过六一这一天，孩子们学得兴趣盎然。最后，我让他们结合课堂学到的语言说一说自己的六一想如何度过。同学们踊跃发言，有的说"I can go swimming"；有的说"I can go to the zoo"；还有的说"I can eat chicken in the KFC"。大家都愿意想一想，说一说，这种敢于思考、敢于发言的课堂是一种成功的尝试，孩子们的思维能力和语用能力在课堂上得到了提高和发展。那段时间，在走廊上经常能听到孩子们互相用英语说着："Happy Children's Day!"

根据教材内容设计生活语境，如借学习用品、互相打招呼、问路、上学、回家、道别等内容，或利用他们喜爱的卡通人物创设故事，让教师和学生扮演里面的角色，使学生仿佛身临其境地在英美国家里学习英语，参与性很强，使严肃的课堂变成了生动活泼的英语交际场所。这样，给学生增添了无穷的情趣，让他们在愉快的氛围中学习英语、掌握英语。

二、游戏体验，发挥 Imagination

小孩子天性好动，乐于参与游戏活动。若能将知识融于游戏之中，让学生在情趣盎然的游戏中练习所学的知识，在蹦蹦跳跳的活动中学习英语，学生将非常愿意接受的。游戏虽短短几分钟，但却能活跃课堂气氛，提高学生参与的兴趣。

1. 自主游戏——把主动权交给孩子

例如，有一次课堂 topic 是 *Animals on the farm*，为了让学生记住 chick/hen/duck/sheep/cow/dog/cat/pig 等单词，我设计了游戏环节。先由我来进行示范，我在心中想好一个动物,用所学的句子进行描述,让学生们来猜一猜。描述得句子越多,就越好猜。之后,我抽了一个同学上台演练,自己走下讲台,做一名旁观者。游戏全权由孩子们自己掌控,他们可以自由地描述,也可以天马行空地猜谜。短短10分钟里面,学生们甚至自己修改了规则:"描述语句不少于三句"、"猜的同学只有一次机会"。由于范围小,比较好猜,他们还自己增加了难度,"猜对的同学还要把单词拼出来才算赢"!看,同学们不仅会自由想象,挖空心思地用所学知识来描述不同的动物,培养了语用和表达能力,复习了所学知识;还会根据描述性的语句判断是哪种动物,锻炼了听力和理解力;甚至,还会根据所需修改规则,多么了不起!这难道不是一种发散性思维的锻炼吗?这难道不是激发了他们的创造力吗?这件事情也让我知道,学生们的潜力是无穷的,这给了我更大的信心去尝试各种方式去挖掘他们的潜力。

2. 竞赛游戏——把复习变得有滋有味

除此之外,在期末复习课上我经常会用的另一种游戏方式是"单词竞赛",是以小组为单位进行。我会在黑板上给出一个首字母或中间字母,要求学生们自由发挥进行单词想象。例如,以b开头的单词有哪些?bee/bag/big/ball等等。他们可以自由发挥,最后以哪一组想到的单词最多而取胜。这种单词竞赛既简单又能起到很好地复习单词的作用,这样的头脑风暴也是很好的创新锻炼,孩子们容易接受和喜欢。

三、畅所欲言,收获 Improvement

课堂是英语教学的中心环节,是培养学生听、说、读、写能力的重要途径。如何在英语课堂教学中既传授给学生知识,又培养学生实际运用语言的能力,同时在课堂有限的35分钟内,在不脱离故事情境的基础上,给他们时间和空间有效地进行想象力和创造力的发展?对此,我一直在进行着摸索和实践。

比如,在1B M4U2一堂主题为*Animals' Talent Show*的课堂上,我设计了4种动物(hippo/panda/monkey/lion)达人秀的情境。动物们在故事中各显神通,各自发挥所长，学生们在课堂中学习描述动物的外形特征和各自的不同能力。而到故事的最后，我设计的一个环节是“Who's the champion?”，即让同学们选出自己心目中的冠军并说一说理由。这个环节并没有固定答案，完全让学生自己自由地选择和描述。在这样的启发下，学生们甚至可以说出故事中没有的动物，通过所学的语言，大胆想象喜欢的动物的外形特征和本领。当时，有一个学生就说，他心目中的冠军是“Elephant”。这个动物并不在故事中，但是他大胆想象了，并说出了自己喜欢的理由，令我感到十分惊喜。

另外一次，在2B M3U3一堂主题为*Elephants in the forest*的课上，我设计了两只小象在森林中，一只小象不敢游泳，遇到很多动物伙伴后，相继发生的一则故事。故事的最后，我问学生：“What's the next? Can he swim in the end?”让学生自己想象一下故事的结局。学生们充分发挥想象力，畅所欲言，有说敢游的，也有说不敢游的，还有说动物小伙伴们教会小象游泳了等等。孩子们七嘴八舌，热烈讨论着，被我吊足了胃口，直到最后一刻，我才把设计的故事结局展示给他们。这种方式，让学生对故事始终保持着高昂的兴趣，让他们发挥想象力和创造力，既激发了兴趣，又巩固了习得，让35分钟的课堂变得生动和高效，何乐而不为？

总之，这就是“3I”英语：Imagination + Innovation = Improvement，即想象力 + 创造力 = 提高。教师若愿意多花一点时间释放孩子的天性，多给一点时间和空间发挥他们的想象力和创造力，将大大有利于提高课堂质效和学生的学习效果。

【课堂全景】 2B M2U3 Animals I like

教学目标：

1. 在语境中能初步运用单词 elephant，zebra，snake，move，horse，以及句型

What are they? They are...,能对动物进行描述。

2. 通过对文本故事的学习,让他们感受到朋友的重要性,以及鼓励带来的巨大能量,激发学生热爱动物的同时珍惜朋友的情感。

教学过程:创设情景——游戏体验——畅所欲言

一、创设情景,激发 Innovation

1. Watch a video "Lovely animals"

2. A riddle: Elephant/ Elephants

3. The whole story: Listen and guess

【设计意图】 教师通过有趣的动物视频带领学生进入学习主题,再创造出一个能被学生接受和喜爱的故事情景:用可爱的一大一小两只 elephant 做主角,用听一听、猜一猜的方式引出。这样的故事情景能让学生产生共鸣,激发他们的创造力,使整堂课呈现出生动活泼的氛围。

二、游戏体验,发挥 Imagination

1. Learn about the zebra

(1) Ask and answer

(2) Practice the word with the rhyme

(3) Listen and act

2. Learn about the snake

(1) Choose and read

(2) Make a passage

(3) Watch a video to elicit move

(4) Sing a song

(5) Listen and fill in the blanks

(6) Act out

3. Learn about the horse

(1) Ask and answer

(2) Make a dialogue

【设计意图】 在课堂中设计了许多让学生自由发挥和自由创造的环节，比如，用动物的声音来让学生选择故事中出场了哪些动物，学生们会十分认真地听，并边听边发挥想象力进行思考；自编对话的环节，不仅操练了学生的新知旧识，还能让学生自由发挥进行创编，激发创造力；让学生观看视频，跟着视频唱歌和跳舞的环节，使得学生更简单明了地理解词句的同时，释放了他们的天性；而扮演故事中的角色演一演故事的环节，既能让学生巩固词句，又能让学生在游戏中学，在游戏中乐。

三、畅所欲言，收获 Improvement

1. Let's act

2. Guess the end of the story

3. Listen and enjoy the end

4. Read and encourage the elephant

【设计意图】 在故事的结尾特意留有悬念，首先让学生自主想象和猜测故事的结局：小象到底最后有没有跳入河中游泳？学生在课堂上大胆想象，自编结局。踊跃发言后，再展示老师设计的结局，最后让学生们一起边念句子边鼓励小象勇敢入水游泳，一起合力完成了故事的结局。这样的环节设计在释放他们天性的同时，让学生们体会了情感，巩固了词句，也收获了提高。

【思想穿行】 创设情景——游戏体验——畅所欲言

“3I”英语：Innovation + Imagination = Improvement，即想象力 + 创造力 = 提高。这样的英语教学模式是需要老师全力支持和配合的，在每堂课上给予学生几分钟去自主发挥想象力和创造力，把自由发挥的机会还给学生，让每个孩子插上想象的翅膀，从而激发学生学习英语的兴趣，提升他们的语用能力。故“3I”英语也有其独特的教学模式：创设情景——游戏课堂——释放天性。

1. 创设情景，激发 Innovation。在备课过程中，教师应该对课本上一个单元的内容进行整体设计，主要是重整和再构，然后想尽一切方式去为学生创设一个情景，这个情景必须是孩子们喜欢的，能激发孩子们兴趣的，贴近孩子们生活或者心理特征的，能让孩子们发挥创造力的情景和文本。创设了成功情景后，就会在之后的课堂上顺利激发出孩子们的 Innovation。

2. 游戏体验，发挥 Imagination。创设了情景之后，教师要运用多元的形式来进行教学，围绕着主题和文本，教师在课堂上尽量多地设计能让学生发挥想象力的环节，从听、说、读、写，甚至猜、唱、跳、演等方面来引导学生多方位地学习、多方式地创造，尽情发挥他们的 Imagination。

3. 畅所欲言，收获 Improvement。在课堂教学中，教师尽可能地设计不同环节来释放孩子的天性，或许是一次愉快的猜谜，或许是简短的小比赛，或许是简单的创编……这对于整个课堂来说，虽然仅仅是一两分钟的环节，但是对于孩子们来说，是一个释放天性，快乐收获的过程，能让孩子们以更积极的姿态获得 Improvement。

【精彩瞬间】 让创造和想象之花绽放

2A M2U3 *Animals I like* 精彩教学片断：

T：Boys and girls，can the small elephant swim in the end? Let's guess!

S1：No!

T：Maybe.

S2：I guess he can!

T：OK! Anyone else?

S3：The small elephant can swim.

T：Oh，you think so too. Ok! Let's have a look. Let's enjoy the end of the story.

出示媒体，展示故事结局。

T：Look! What can you see?

S1：I can see the small elephant and the big elephant.

S2：I can see a snake.

S3：I can see a horse.

S4：I can see a zebra.

T：Yes，they are coming. They are good friends. They want to help the small elephant. Do you want to help him?

S：Yes!

T：So let's encourage him together!

S：Elephant，elephant，you can swim!

媒体出示：小象稍稍向前一步。

T：Again!

S：Elephant，elephant，you can swim!

媒体出示：小象又向前一步。

T：Once more!

S：Elephant，elephant，you can swim!

媒体出示：小象鼓足勇气跳下了水。

T：Wow! Can the small elephant swim at last?

S：Yes!

T：So，encourage can give you wings!

“3I”英语课堂，给学生留有了想象和自由发挥的空间，让学生自己想象故事结局，学生因此十分积极，课堂氛围活跃。因此创设便于学生想象的故事、贴近学生生活的情景或者学生喜爱的充满童趣的故事，这是为学生构建想象的支架，紧接着尽可能地把课堂教学设计加入想象和创造的元素，可以通过游戏、讨论、猜谜、创编等方式激发学生的兴趣，释放他们的天性，让创造和想象之花绽放。其实，“3I”英语，教师所要做的，或许就是给他们时间和机会，然后静候他们还你惊喜，去邂逅那些天马行空的创意。

（俞　易）

淳语文：让孩子陶醉其中

淳语文，追求扎扎实实地利用文本，品读那一个个方正大气的汉字，感受作者遣词造句、行文思路、布局谋篇的“言语智慧”；淳语文，追求真真切切地对话文本，润物无声地汲取知识，升华情感，感受文本散发的浓浓香气。淳语文，让孩子陶醉阅读，自觉地得意、得言、得法，达到自我发现、自我愉悦、自我充实。

【灵魂渗香】 淳语文：让孩子陶醉其中

【课堂全景】 《摇花船》

【思想穿行】 情境导入——感知文脉——循文会心——迁移延伸

【精彩瞬间】 让“幸福”一以贯之

【灵魂渗香】 淳语文:让孩子陶醉其中

淳,通“醇”,酒味厚、纯,意为朴素、诚实。淳语文,追求求真务实的教学,带领孩子走进文本,触摸文字。理解语言、品味语言、积累语言、运用语言,在语文实践中习得语法,积淀语感,领悟规律,丰富情感。

语文是一门工具性和人文性统一的学科,较之其他学科更具有综合性、开放性、能动性和思维性的特质。淳语文教学,要求教师对教材要有一种研读、处理的能力。要明确教学目标,取舍教学内容,优化教学设计;要关注教学的有效性,在朴实、真实的学习中习得方法;要让课堂简简单单,扎扎实实,充满思想,充满感情。

一、选准内容是有效学习的基础

语文教师要立足发展,细读文本,让课文的语言表达和写作特点成为“淳语文”教学的内容,要从文中寻求训练学生某种能力的最佳点,选准教学内容,促进文本言语的“增值”。

教学文本从面向一般读者的文章进入语文教材,从文本变为课文,直接面对我们的学生。文本还是那个文本,教师的解读却要多两个向度:学生的和教师的。从“教”与“学”切入,文本细读不但要读出作者的“言语智慧”,同时还要经过一番“筛滤”作出合理取舍,这样才能将每一篇课文和每一节课真正应该“教什么”,有效地落到实处。

二、关注表达是落实学习的保障

学生的语文能力的获得，并非教师上课“讲会”的，而是在阅读实践中“习得”的。语文教学要教给学生基本的知识，训练学生基本的能力。要关注表达，以读背为基础，以感悟为催化，以说写为主要实践形式，实现学生语言实践能力的有效培养。

1. 斟词酌句，感受语言妙用

很多课文中都有关键词，或揭示主题，或概括全文，或点明情感，可谓“牵一发而动全身”。找到这个关键词，读懂它，就能学活整篇课文。如：五下《唯一的听众》，文中“平静地望着”反复出现，需得细细品读。这个关键词传递出了老人做我唯一听众时所流露出来的无声的鼓励。再如，《穷人》一文，人物心理描写中有好几个省略号、感叹号和问号，表现了桑娜内心的紧张和担忧。桑娜生活艰难，又收养西蒙的两个孩子，这无异于在极为沉重的生活压力上，再增加一份负担。桑娜不知道怎样告诉渔夫她把两个孩子抱回家的事，因此她内心充满担忧。关注特殊标点，可以帮助学生走进人物内心，深入理解人物形象。

2. 整体切入，把握行文思路

每篇课文，在其布局谋篇上都有一定的特点，它可以传达出作者、编者在表达上的目的、意图。教学中，可指导学生从整体入手，理清文脉，进而训练学生的阅读能力。五下《人生的开关》一课，初读课文后我要求学生找到文中直接点题的那句话：“人生的道路上有很多开关，轻轻一按，便把人带进光明或黑暗两种境界。”作者之所以领悟到这句哲理，是因为当年在家乡那座大山脚下的公路边发生了一件事，让他接触了一个人生的开关。进而，我让学生找到写这件事和作者明白这个道理的相关段落。再读课文，学生将不难发现，作者写这篇文章的思路：一事一道理，这是记叙文常用的写法。据此，学生概括全文，也渗透了“一事一道理”这一记叙文常用的写法，使学生在以后的学习中触类旁通，提高解读文本的能力。

3. 拓展延伸，实现学法迁移

"教材无非是个例子"。在四上《特别的作业》第5小节，我让学生学习"先概括后具体"这一写法。教学设计采用分步走：首先，通过读、划、圈，初步认识写法。利用语段比较，体会写法的妙处，感受小莉的善良、宽容。其次，写一封填空式的"表扬信"，再次熟悉写法。最后，布置课后作业"夸夸身边的人"，将知识迁移到课外，巩固写法。这样的设计从扶到放，扎实教学，使学生在多种形式的学习任务中逐步掌握写法，自然而然地感受身边人的长处。

三、巧设支架是突破难点的窍门

对高年级小学生来说，概括和复述的技能训练显得尤为重要。因为学生表达的完整性、连贯性和逻辑性是各有差异的，教师可以巧用小提示，助力复述训练。五下《信任》一课，结合单元阅读能力的训练要求，要求学生着重学习创造性复述。"展开合理想象，创造性地复述"是教学的难点。课文4、5小节中，作者"沉浸在亲手摘果实的欢愉中"，是展开想象、体会信任的喜悦的一个很好的训练点。教学时可在学习单上以"小提示"给予学生表达的"扶手"：读4、5小节，展开想象，通过人物、动物的动作、语言、神态、心理，创造性地复述"我们的摘桃经历"，可以以"钻进果林……"为开头，也可以自己设计一个开头，注意语句通顺、连贯。交流时，能力稍弱的学生可选取其中几点进行复述，能力较强的学生则可重新设计开头，并将人物、动物的动作、语言、神态、心理巧妙地穿插进去，仿佛真的沉浸在亲手摘果实的欢愉中。

联系上下文理解句子是学生阅读学习中的又一难点，它包含着学生对文本的理解、体验和感悟，学生往往感觉无从下手。教师应借助文本，丰富语境，润物无声地予以指导。五下《人生的开关》教学难点是"理解'人生的道路上有很多开关，轻轻一按，便把人带进光明或黑暗两种境界'的深刻含义，懂得正确把握人生发展的方向的重要性。"这句话充满哲理，要理解这句话，先要理解文中"娘的话"和"张叔的话"。教学中，通过“如果我……，那么，我将失去……失去……失去……”这一拓展说话理解“娘的话”，而“张叔的话”则以抛出问题“从哪里知道如果他这么做，会失去上大学的机会?”为导向，让学生联系上下文，上钩下联，寻找答案。在此基础上，学习单上以一道开放性的填空题，即“你在面对诱惑、困难、机遇等人生各种不同的‘开关’时如何做出选择”，引发学生作出思考。

【课堂全景】《摇花船》

教学目标：

1. 能在阅读的过程中自主识记生字新词，指导书写“篾”字；运用不同方法理解并积累“竹篾、流苏、即兴编唱、火铳、信天游”等词语。

2. 继续进行复述训练，能根据提示复述“花船的样子”和“花船姑娘”。

3. 正确、流利、有感情地朗读课文，通过阅读重点词句，了解具有浓郁民间特色的艺术活动——摇花船，感受摇花船带来的“幸福的感觉”。

教学过程：

一、情境导入，走近文体

1. 我国民间有许许多多有趣的民间艺术活动，看——舞狮、扭秧歌、滚灯。

2. 每一个地方都有富有地方特色的民间艺术活动，深受当地人民的喜爱。今天我们要学习的是“摇花船”，板书课题(齐读)。

二、初读交流，感知文脉

1. 在这么多民间艺术活动中，作者为什么要选“摇花船”来写呢？打开书，轻声读读课文。

2. 指名交流(预设：家乡的、亲身经历过的、幸福的感觉)。

3. 随机板书:亲身经历、幸福。

【设计意图】 “在这么多民间艺术活动中,作者为什么要选‘摇花船’来写?”课前预习引发思考,在整体感知部分予以交流反馈。因为这是作者家乡的民间艺术活动,作者对它最熟悉,有着特殊的情感。更因为这是作者亲身经历的,带给了她幸福的感觉。了解作者写作的意图,可以为学生以后习作的选材提供帮助。

三、指导复述,循文会心

1. 花船的样子

(1) 每一种民间艺术活动都要借助一些道具,摇花船的道具就是花船。花船是什么样子的?随机板书:样子。

(2) 学生自读,划出关键词。

(3) 交流出示:花船是用竹篾编制的,形状像船,但没有船底。船的四周扎着各色的纸花,并有流苏从船舷垂挂下来,一直拖到地上。

★ “竹篾”

① 读准“篾”

② (实物)理解“竹篾”,指导书写

③ 指导读句

★ “流苏”

① (实物)理解“流苏”

② 指导读句

(4) 复述“花船的样子”。

① 引读“花船的样子”

② 看图复述“花船的样子”

【设计意图】 对于我们的孩子来说,“花船”比较陌生,特别是花船的材料“竹篾”和花船上的装饰物“流苏”。教学时出示实物让孩子亲眼看一看,亲手摸一摸,掂一掂,进行形象的感知,使学生感受到花船轻巧、美观的特点,体会到作者是从材料、形状和装饰三方面来介绍花船的，帮助学生更好地朗读，读出花船的轻巧和美观，又为复述花船的样子打下基础。

2. 摇花船的规则

每一种民间艺术活动，都有一些必须遵守的规则。（板书：规则）摇花船又有哪些规则？比如，对花船姑娘的要求，对船老大的要求？默读3、4节，圈出关键词，填入括号中。（板书：花船姑娘　船老大）

出示：

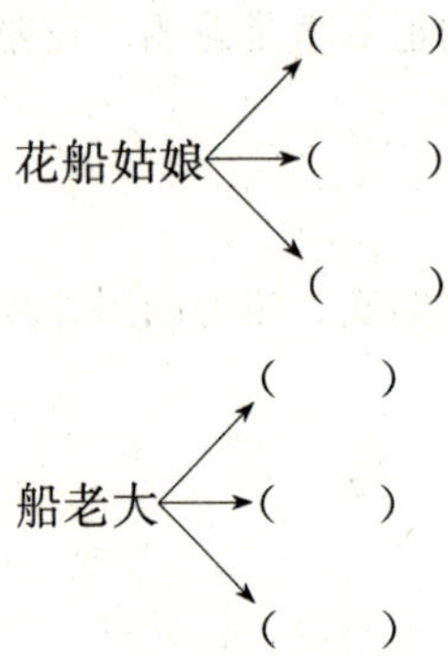

学生自学，集体交流

（1）花船姑娘

① 交流出示：坐在花船里的是被打扮成嫦娥、西施一类美女的女孩子，她必须是村坊里长得最好看的。

② 交流重点词句

★“最好看”

指导朗读

★“偶数”

理解“偶数”

★“站着”（“航行”）

交流出示:姑娘在花船中其实不是坐着,而是站着,她两手分别抓住两旁的船舷,慢慢向前走去,这样,船就"航行"了。当然,因为四周有流苏遮着,姑娘的脚是看不见的。

指导朗读

③ 复述"花船姑娘"

根据提示复述(出示:最好看、偶数、"航行"),学生准备

交流复述

【设计意图】 花船姑娘是摇花船活动中最重要的人物,而且作者小时候就做过花船姑娘,因此作者描写得也最详细。此环节的学习设计,使学生在对文本的阅读中了解了作者通过三个方面来介绍花船姑娘,提炼出"最好看、偶数、'航行'"这几个关键词,理清作者写花船姑娘的层次。学习的重点放在指导朗读花船姑娘是"最好看"的和花船姑娘"怎么摇花船"上,学生在朗读中熟悉文本内容,体会到花船姑娘的美和摇花船的快乐,为后面的复述做好铺垫。复述是本课的教学难点,对"花船姑娘"的复述指导,要分步走。给予提示,引导学生把摇花船对花船姑娘的三个要求说清楚,说连贯。在此基础上,再引导学生把"花船姑娘"介绍得更具体。

(2) 船老大

① 学生交流

★ 成年男子

★ 好嗓子　即兴编唱

② 为什么要有好嗓子?还要能即兴编唱?(交流)

③ 小学毕业那一年,我就亲身当了花船姑娘,小舅舅是个很好的船老大,他是怎样即兴编唱的?读读第6节

④ 抽读小舅舅即兴编唱的话

理解"即兴编唱"

⑤ 指导朗读

【设计意图】 一篇文章的教学,始终都需要抓住一个"点"。摇花船的这个"点"就

是“幸福”,这是贯穿全文的线索。学习船老大时,结合了第6节中小舅舅的即兴编唱,对文本内容进行重组。引导学生要联系上下文理解船老大的“即兴编唱”的能力,教会学生读课文要融会贯通,说说前面,也要想想后面,这是阅读的一种策略。同时,在夸一夸、唱一唱的朗读中,感受“摇花船”带来的幸福和快乐。

(3) 其他规则

引读第5节,随机板书:……

3. 感受幸福

(1) 摇花船开心吗? 对于亲身做了花船姑娘的作者来说,那更是一种幸福。

出示第7节,引读

那一回,也不知是小舅舅唱得好呢,……在观众的评议中,……人们都来向我祝贺,……所以,我们全家人……

(2) 引读第8节

后来,这种幸福的感觉一直保持了很久。

四、迁移延伸,丰富情感

1. 总结:这种幸福的感觉一直温暖着我,让我终身难忘。所以,多年后,作者回忆往事,清晰地写出了花船的(样子),摇花船的(规则),至今还记得那次做花船姑娘的(亲身经历)。摇花船带给作者的幸福的感觉(一直保持了很久)。

2. 分层作业(1、2两题任选一题)

(1) 从花船的样子、摇花船的规则(花船姑娘、船老大等)向爸爸妈妈介绍摇花船这个民间艺术活动。

(2) 模仿课文1—5小节的写法,写一写奉贤的滚灯,抓住样子和活动的规则介绍给大家。

如果还能结合自己的一次亲身经历来写,可以得三颗星哦。

【设计意图】 利用板书引导学生回顾全文,体会作者是如何组材的,帮助学生学习运用这样的方法介绍某项活动。考虑学生学习能力的差异,作业分层布置。学生可以选择“从花船的样子和摇花船的规则向爸爸妈妈介绍摇花船这个民间艺术活动”这个任务,也可以模仿课文 1—5 节的写法,从活动道具的样子和活动的规则介绍自己家乡奉贤的民间艺术活动——滚灯,能力更强的孩子还可以结合自己的亲身经历来写,将活动带给自己的感受更加真切地表达出来。

【思想穿行】 情境导入——感知文脉——循文会心——迁移延伸

1. 情境导入,走近文体。根据教学的需要运用多媒体精心创设与教学内容相吻合的情境,营造学习氛围。从情境走向一类文本,初步感知文本的内容、体裁。

2. 初读交流,感知文脉。教学时从整体入手,关注选材组材,分清内容主次,领会作者、编者谋篇布局的意图。要“摸顺序,探思路”,也就是要让学生探寻作者成文的思路,明确成文的主要线索。

3. 指导复述,循文会心。课堂教学以语言运用为主线,带动对课文内容、情节和思想的理解,并内化为自己的丰富感受。通过言语实践让学生“亲历”和“历练”,即借助文本,通过感悟、欣赏言语现象,感受语言使用的精妙和特点。

4. 迁移延伸,丰富情感。语文学习讲求“以语言带动内容”。走进文本,让学生学到言语智慧;走出文本,让学生内化、迁移别人的语用经验。在生活实践中,拓展语言表达能力,使文本的言语在积极有为的“语用”中实现“增值”,丰富学生情感的体验。

【精彩瞬间】 让“幸福”一以贯之

四年级第一学期《摇花船》教学片断:

师：每一种民间艺术活动都要借助一些道具，摇花船的道具就是花船。花船是什么样子的？自己读读，一边读一边划出关键的词语。

（学生自读）交流：

生1："花船是用竹篾编制的，形状像船，但没有船底。船的四周扎着各色的纸花，并有流苏从船舷垂挂下来，一直拖到地上。"从这段话中，我知道了花船是用"竹篾"编制的。

（指导读准"篾"字，出示实物"竹篾"，通过摸一摸、掂一掂、弯一弯，感受竹篾的柔韧，并指导朗读）

生2：我知道了花船的形状像船，但没有船底。

师：是呀，形状像船，所以叫花船。

生3：我还知道了船的四周扎着各色的纸花，并有流苏从船舷垂挂下来，一直拖到地上，很漂亮的。

师：哦，很美。美在哪里？

生：美在上面有纸花和流苏的装饰。

（出示实物"流苏"，让学生看一看，想象一下，随机指导朗读）

师：看来，作者从材料、形状和装饰三个方面来介绍美丽的花船。让我们看着图，说说花船的样子。（同桌准备，全班交流）

《摇花船》一文所在单元阅读学习重点是复述训练。教学中，我设计了两次复述：一是对花船样子的复述，二是对花船姑娘的复述。"花船"对于我们的孩子是比较陌生的，特别是编制花船的材料"竹篾"和花船上的装饰物"流苏"。教学时出示实物让学生亲眼看一看，亲手摸一摸，再掂一掂，进行形象的感知，使学生感受到花船轻巧、美观的特点，体会到作者是从材料、形状和装饰三方面来介绍花船的，帮助学生更好地朗读，读出花船的轻巧和美观，而后进行花船样子的复述。

"淳语文"要求教师转变理念，挖掘丰富的语文学习资源，创设学生自主亲历阅读实践，注重听、说、读、写、思能力的综合训练。要按照学生的学习规律"认识——实践——迁移”来设计教学，在梳理文脉、推敲词句中感受语言，习得学法，在丰富的情感体验中润物无声地提升理解和运用语言文字的能力，从而促进学生学识、文风情趣等综合素养的提升。

（丁莲娟）

心智数学:让孩子灵动地思维

心智数学是一种借助于内部言语进行的认知活动,包括感知、记忆、思维和想象等心理成分,并且以思维为其主要活动成分。数学的学习过程,是不断提升学生思维能力和实践能力的过程。在数学教学过程中,只有不断为学生提供广阔的思维空间,让学生的思维灵动起来,我们的数学课堂才会充满无穷的活力,教学活动才会取得事半功倍的效果。

【灵魂渗香】 心智数学:让孩子灵动地思维

【课堂全景】 《三角形的面积》

【思想穿行】 创境启智——自探培智——点拨拓智——巧练活智

【精彩瞬间】 给予学生展开思维翅膀的空间

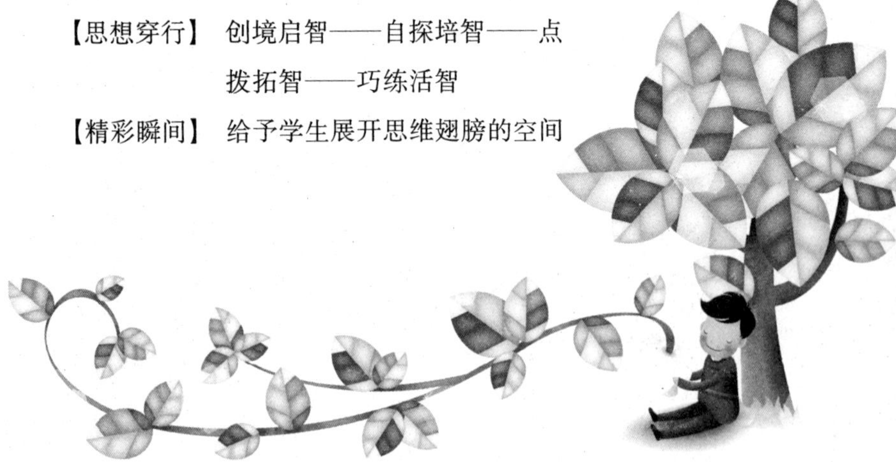

【灵魂渗香】 心智数学:让孩子灵动地思维

数学教学是数学活动的教学,即思维活动的教学。数学教学过程是教师引导学生进行数学活动的过程,是学生"做"数学的过程。学生数学学习中的思维发展是学生心智参与数学活动经历后的积淀,心智加工过程的本质是情感驱使引领下高层次思维的展开过程。孔子说:"学而不思则罔,思而不学则殆。"因此,培养学生数学的思维,开启学生数学的心智,对数学教师来说是至关重要的。

一、创设情境,激发思维

心理学家布鲁纳认为:学习是一个主动的过程,对学生学习内因的最好激发是对所学材料的兴趣。兴趣是提高学生学习积极性的内在动力,也是思维发展的前提条件。在小学数学课堂上,教师可根据实际情况设计一些教学情境,将静止的数学以生动、活泼的生活场景来还原,热情启发学生积极思维,让学生在浓厚的兴趣中将老师"要我思考"转变为"我要思考",由学生"厌思"变成学生"乐思"。

例如,学习了"简单的统计"后,教师创设这样一个情境:学校要召开春季运动会了,比赛项目有跳绳、踢毽、短跑、拔河。要求每位小朋友都要参加一项比赛,那么要使我们班每位学生都能参加自己喜欢的一项比赛,大家说该怎么办呢?有的学生很激动,说:"可以先去调查一下本班学生喜欢四项比赛中的哪一项。"教师马上请学生用自己喜欢的方法去统计,统计结束后想一想还可以提出哪些数学问题?先和小组同学交流一下,最后全班交流。从生动的生活情境中提取问题,充分调动了学生的学习需要,既激发了学习兴趣,又使学生感受到数学与生活的密切联系,容易为学生所感知和接受。

二、掌握方法，学会思维

要提升学生思维能力，我认为首先必须教给学生基本的数学思维方法。小学生数学思维的基本方法有：观察与实验、猜想与验证、比较与分类、分析和综合、抽象和概括、归纳和演绎、类比和联想等。这些数学思维方法很重要，教师要加强引导，让学生切实掌握好。例如，在数学教学中，引导学生展开联想，鼓励学生进行大胆猜测，让学生真实地经历问题解决的全过程，是发展学生高层次思维能力和创造性学习的有效途径。

“积的变化规律”这部分内容的教学，部分教师通过让学生举例说明：一个因数不变，另一个因数乘几，所得的积就用原来的积乘以几这一结论，而后让学生进行大量的机械性练习。这种做法使学生的思维能力没有得到更深层次的发展。那么该如何设计，教学才更能发展学生的思维呢？我认为，让学生在教师的启发下，由已掌握的“一个因数不变，另一个因数变化引起积的变化”联想到“两个因数都变化，积也会随着变化”，由“积的变化规律”联想到“和、差、商的变化规律”，由“积不变的规律”联想到“和、差、商不变的规律”等。学生通过联想，产生了一个个新的数学问题，面对新的数学问题，教师鼓励学生先进行大胆的猜想，再自己想办法加以验证。这样，学生在研究发现数学规律的同时，受到一次科学研究方法的启蒙。学生在获得知识的同时既提高了分析问题的能力，也训练了思维的灵活性和创造力。

三、创设机会，发展思维

数学教学除了让学生掌握一定的知识之外，还应当让学生明白这一知识的形成过程。其主要措施应当是：首先，思考是至关重要的环节，在学生情绪高涨、思维活跃时，引导学生提出问题，并对提出的问题进行大胆的探索，在不断的探求知识的过程中，认识知识结构。然后，教师要努力引导创设成功的机会，增强学生的思维度，让学生积极思索的同时提高学生的思维空间发展。

例如,在教学"角的度量"之后,学生掌握了用量角器量角的度数及画角的基本技能。教师再创设机会让学生进行动手操作,促进求异创新。比如,要画出135度的角,学生一般都是借助量角器画出来的。在此基础上,教师再提出问题:"不借用量角器,你们还能准确地画出这个角吗?"学生带着问题进入了愉快地动手操作、实验探究之中。很快,学生就发现了第二种画法:用三角尺的直角和一个45度的角拼起来,可以得到135度角。学生通过自己的实验创新了方法,享受了成功的喜悦。此时,教师再出示问题:"还有新的画法,看谁能最先发现?"这样,学生积极性更高,争先恐后地又展开了操作探索,结果又发现并学会了另一种方法:用三角尺的一边(或直尺)和另一个三角尺45度的角拼在一起可以画出135度的角(即用一个平角减去45度)。这样的引导促使学生不断动手探索,寻求解决问题新的方法,拓展了思维能力。

四、善于反思,深入思维

数学教学最基本的目标是使学生学会数学地思考,发展数学思维。追求课堂的深度思维,凸显浓浓的数学味,成为我们每一位数学教师的追寻目标。假如只是认识到了事物的表面现象,没有深入理解事物的本质,那么这种认识就没有思维深度。

例如有这样一道题目:"给你一段20厘米长的细铁丝做成不同的长方形或正方形,你能做几个?它们的面积分别是多少?"学生通过思考,有以下几种想法:

长方形	长9厘米	宽1厘米	面积9平方厘米
	长8厘米	宽2厘米	面积16平方厘米
	长7厘米	宽3厘米	面积21平方厘米
	长6厘米	宽4厘米	面积24平方厘米
正方形	边长5厘米		面积25平方厘米

学生做到这一步都停住了，觉得问题解决了，不再深究。如果这样，学生得到的仅仅是这道题的答案，对学生来说，思维并没有一个提高的过程。这时，老师引导学生反思:“这道题里还隐藏着秘密，你有发现吗?”学生通过观察比较、交流讨论，发现了长方形长、宽、面积之间的新的关系:“在周长相等的情况下，长与宽的差越小，面积反而越大。”“周长相等的情况下，正方形的面积一定比长方形大。”为了思维的再深入延展，教师可以进一步引导学生再次反思:这条规律是不是只在这道题目里适用? 学生通过举例、小组交流，得出了这是一条普遍存在的规律。解题后如此反思，既有利于沟通知识间的纵横联系，也使思维得到了提升。

一堂好的数学课，应该是引领学生从知识走向智慧，从培养“知识人”转为培养“智慧者”。一位好的教师应该着力于充分利用教材提供的学习材料，为学生创设开放的情境，给学生充足思考的空间，给学生充分交流的机会，让丰富多彩的思考在课堂上交汇，让新奇、独特的思维飞出创造的心门，让数学课堂充分闪现灵动与智慧的魅力。

【课堂全景】《三角形的面积》

教学目标:

1. 通过操作、观察、比较，探索并掌握三角形的面积计算公式。
2. 在自主学习中激发探究欲望，巩固转化的思想，体验学习数学的乐趣。

教学过程:

一、创设情境，激发思维

同学们，让我们到自己生活的城市和学校的绿化带去参观一下吧。(点击课件出现各种形状的花坛其中包括三角形的花坛，最后画面定格在学生们测量花坛的情形中)

1. 咦? 这些同学遇到了什么问题? 原来他们想知道这些花坛的面积，那我们能不能帮帮他们?

2. 同学们想不想知道这个三角形花坛的面积啊?我们这一节课就一起来探究这个问题。

【设计意图】《全日制义务教育数学课程标准(实验稿)》强调,从学生已有的生活经验出发,让学生亲身经历实际问题,抽象成数学模型并进行解释与应用的过程,进而使学生获得对数学的理解。在教学中,应注重所学知识与日常生活密切联系,使学生在观察、操作等活动中,获得对简单图形的直接经验。因此,在情境导入阶段,教师通过设计测量学校花坛面积这个贴近学生生活实际的问题,学生易于接受,乐于接受,兴趣顿生,思维激发,同时揭示"数学来自生活,又服务生活"的哲理,为新课的学习作了良好的开端。

二、自主探索,发展思维

1. 回忆一下,我们已经学习了几种求图形面积的方法?你还记得平行四边形的面积公式是怎样推导出来的吗?

教师归纳:我们用的这种方法叫做"转化法",就是把要研究的新知识转化成旧知识,根据它们之间的联系推导出新知识。那么我们能不能仿照平行四边形面积计算公式推导的方法,把三角形转化成以前学过的图形,从而得出三角形的面积计算公式呢?

【设计意图】 教师在引导回顾平行四边形面积公式的推导过程中,从学生已有的知识出发,为学生运用"转化"的数学思想,去探究、发现三角形的面积计算方法提供了有力的帮助。

2. 摆一摆、拼一拼:请你们拿出课前准备的三角形,把这些三角形拼拼看,你们能拼成哪些图形?

(1) 学生小组合作动手研究,教师巡视指导。

(2) 汇报交流:各小组演示摆拼的过程。

通过以上试验,你发现了什么?

(两个完全相同的三角形都可以拼成一个平行四边形)

3. 想一想:每个三角形与拼成的平行四边形有什么关系?(小组讨论)

(1) 每个三角形的底与所拼成的平行四边形的底相等。

(2) 每个三角形的高与所拼成的平行四边形的高相等。

(3) 每个三角形的面积是所拼成的平行四边形面积的一半。

4. 提炼公式。

现在谁能归纳三角形的面积计算公式？你是怎样想的？

在学生回答的同时，教师板书：

板书：三角形的面积 = 底 × 高 ÷ 2

$S = ah \div 2$

【设计意图】 这个环节，教师让学生拼一拼、摆一摆、说一说，给学生提供了充分的参与数学活动的机会，经过生生互动、师生互动，使学生在自主探索活动中真正理解和掌握了三角形的面积计算方法，而且知道为什么要这样计算，不仅“知其然”而且“知其所以然”。由于学生亲身经历了、亲自动手参与推导三角形面积计算公式的过程，学生印象深刻、学得好、记得牢。

三、适时点拨，拓展思维

1. 刚才我们是用两个完全一样的三角形通过拼接转化成我们所学过的图形，从而得出三角形面积的计算方法，还有其他方法吗？

(1) 四人小组合作讨论，再全班交流。

(2) PPT 验证两种剪拼法。（三角形剪拼法、中位线剪拼法）

2. 今天我们学习的内容就是书上第 66—67 页上的内容，请大家阅读一下，看看还有什么不清楚的地方？

【设计意图】 通过验证，培养学生科学的态度，同时启发学生应用不同的剪拼法，培养学生的发散思维。

四、巧设练习，提升思维

(一) 基本练习，夯实基础

1. 指出三角形的底和高，体会对应关系。

谈话：学校计划给花坛制作一个三角形的警示牌，要求这个三角形的面积，必须知道什么？（出示锐角三角形）你能指出这个三角形的底和高吗？（底和高应该是对应的）

2. 如果三角形的底是 6 分米，5 分米，高是 4 分米（其中 6 和 4 是对应的底和高），计算这个三角形的面积。

3. 已知三角形的面积是 12 平方分米，底是 5 分米，求出它的高。

4. 已知三角形的面积是 12 平方分米，高是 3 分米，求它出的底。

【设计意图】 以三角形面积的作用为主线，创设有层次的题组，有利于学生在练习的过程中，自主地构建知识，形成良好的认识结构。

（二）变式练习，发现规律

1. 计算下面三角形的面积（小正方形面积为 1 平方厘米）。

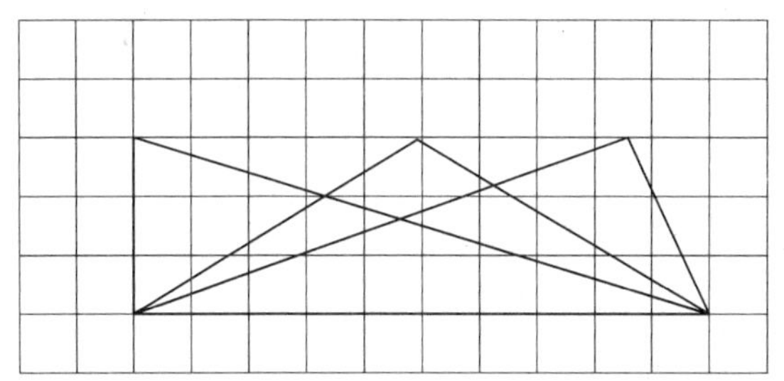

通过计算看看你能发现什么？

2. 画一个三角形，使它和方格图中的三角形形状不同、面积相等。

3. 把一个三角形分成两个面积相等的小三角形。

【设计意图】 引导学生运用规律画图，在画图过程中发现新的规律，既能帮助学生理解掌握规律，又能发展学生观察、比较、归纳、概括等数学思维。

（三）综合练习，拓展提高

一个等腰直角三角形的斜边长是 8 分米，这个等腰直角三角形的面积是多少？（提示：用此三角形 4 个拼成一个正方形进行计算或将三角形沿对称轴对折后再对折，

发现与斜边对应的高是斜边的一半）

【设计意图】 引导学生用多种方法求三角形的面积，便于学生在自主探究的过程中，比较、优化发展思维，提高解决问题的能力。

五、师生总结

通过今天的学习，你有什么收获？

【思想穿行】 创境启智——自探培智——点拨拓智——巧练活智

“心智数学”作为一种以思维为主要活动成分的认知活动方式，更多关注学生的学习过程，关注学生的发展，在数年的数学教学创新活动实践中，数学组教师初步建构了创境启智——自探培智——点拨拓智——巧练活智这四层富有规范性、科学性、可操作性和创新性的数学课堂教学模式。

1. 创境启智

情景的创设一方面给学生提供一个宽松和谐、民主平等、求实进取、推陈出新的学习环境，让学生在轻松愉快、生动活泼的氛围下学习，激活学生的思维兴趣。另一方面通过情境教师或学生提出关键问题，击中思维的燃点，这样不但能对全体学生的认知系统迅速唤醒，而且能提高单位时间内的学习效率。

2. 自探培智

自主探索是让每一个学生根据自己的体验，用自己的思维方式自由地、开放地去发现、探索和获取知识。因此，在课堂教学中应该让学生充分地感受探索事物的数量关系、变化规律的过程。不仅要注意学生是否找到规律，更应注意学生是否进行思考。如果学生一时未能独立发现其中的规律，教师就鼓励学生相互合作交流。通过交流的方式发现问题，解决问题，不仅能将“游离”状态的数学知识点凝结成优化的数学知识结构，而且能将模糊、杂乱的数学思想清晰和条理化，有利于思维的发展，有利于在和谐的气氛中共同探索、相互学习，获得美好的情感体验。

3. 点拨拓智

作为认识活动的主体——学生，是具备丰富个性的能动的主体。封闭式教学容易造成他们思维狭窄、呆板。教师在教学中应注意适时点拨，拓展学生思维的空间，才能培养出思维敏捷、思路宽、创造力好等良好的思维品质。

4. 巧练活智

练习的设计要体现"着眼未来，以学生发展为本"的新理念，根据学生的知识水平和认识特点，联系教学内容，认真钻研教材，设计形式多样、内容新颖的练习，做到练有所得，练后有思，使练习真正成为提升学生的思维，培养学生创新精神，促进学生主动学习的重要手段。

【精彩瞬间】 给予学生展开思维翅膀的空间

五年级第一学期《三角形的面积》教学片断：

师：每组拿出学具袋，袋里有两个相同的锐角三角形，两个相同的直角三角形，两个相同的钝角三角形。每一组选一种三角形研究，试一试任意两个完全相同的三角形能否拼成一个长方形，或者平行四边形。

（以四个同学为一小组进行合作探索、操作）

师：哪个小组先来汇报你们的探索情况？

生 1：我们小组用两个完全相同的直角三角形拼成一个长方形。

生 2：我们小组选择的是两个完全相同的锐角三角形拼成一个平行四边形。

生 3：我们小组选择的是两个完全相同的钝角三角形拼成一个平行四边形。

师：在这些小组的介绍中，你们有什么发现？

生4：用两个完全一样的三角形可以拼成平行四边形（长方形是特殊的平行四边形）。

生5：每个三角形的面积等于拼成的平行四边形面积的一半。

师：那么，三角形的底、高、面积与拼成的平行四边形的底、高、面积有什么关系？

（教师一边说，一边电脑课件闪烁演示）

生6：拼成的平行四边形的底，就是三角形的底，拼成的平行四边形的高就是三角形的高，三角形的面积是拼成的平行四边形面积的一半。

（学生在叙述的过程中，教师板书：平行四边形的面积＝底×高，三角形的面积＝底×高÷2）

师：刚才我们都是用两个完全一样的三角形通过拼接转化成我们所学过的图形，从而得出三角形面积的计算方法。那么如果只用一个三角形，能不能推导出三角形的面积计算公式呢？

（四人小组合作讨论后全班交流）

生7：我们是用一个三角形两边的中点作另一边的平行线，再沿着这条平行线剪开，然后拼成一个平行四边形，推导出三角形面积＝底×高÷2。

生8：我是这样做的，把这个三角形折叠成一个长方形，推导出三角形面积＝底÷2×高÷2×2＝底×高÷2。

师（惊喜地）：你的方法与众不同，具有独创性，了不起！请问你是怎样想到的？

生8：我是想到原来老师要我们验证三角形的内角和是180°，就是用这种方法把三个内角拼成一个平角的，记得折叠后是一个长方形，所以……

生9：我还想到用一个等腰三角形沿底边上的高剪开，再拼成一个长方形，拼成的长方形面积也就是三角形的面积＝底÷2×高，即三角形的面积＝底×高÷2。

师：同学们，你们真聪明，能利用学具，通过操作、合作探究找到了求三角形面积的方法，并且推导的方法多种多样，有的还富有创造性，你们的表现太棒了！

在小学数学课堂教学中，教师要善于引导学生选择不同的思考角度，突破思维的定势，使学生在对问题的不断探究中，发展个性，提升数学的综合能力。学生的思维是鲜活、灵动的，相信只要我们善于引领学生，给予学生展开思维翅膀的空间，让他们在相互交流中不断碰撞出智慧的火花，学生在数学学习过程中也就会真正变得精彩不断。

（杨晓军）

“潮”体育：在传统与现代中穿行

“潮”代表的是一种时尚，一种引领创新的精神。“潮”体育就是对创新精神的实践。体育的本源是“重在参与”，是“更高、更快、更强”。体育项目的本源是民间传统项目的演变，“潮”体育要做的就是嫁接传统体育项目与现代体育教学，使传统体育项目在现代体育教学中得以衍生和升华，使一些优秀的传统体育文化项目得到传承与发扬，让体育课更丰富、更精彩、更受学生喜爱。

【灵魂渗香】 “潮”体育：在传统与现代中穿行

【课堂全景】 《滚灯》

【思想穿行】 情景导入——设疑体验——合作学练——游戏辅助——放松展示

【精彩瞬间】 “潮”体育在快乐放松的环境中嗨起来

【灵魂渗香】“潮”体育:在传统与现代中穿行

“潮”体育就是传统体育与现代体育结合的产物,是传统体育在现代体育中的另一种表现形式。传统体育是社会体育的组成部分,是各族世代相传,以发展身体、增进健康、提高身体机能为目的的人类社会活动,具有一定体育内涵与外延的传统文化;是人民在长期的生产和生活实践中积累起来的传统文化;是中国传统文化的重要组成部分。“潮”体育形式丰富多彩,内容博大精深,涉及养身、健身、竞技、搏击、休闲、娱乐等方面,是祖国重要的、宝贵的文化遗产。在现代《体育与健身》教材中的踢毽子、跳绳、沙包、丢手绢、滚铁环、武术等都是传统体育的一个衍生。因其具有娱乐性、趣味性、民族性、游戏性、表演性、节庆性的特点,深受学生喜爱。

一、“潮”体育的“三维”目标是鲜明的

体育课是以身体练习与思维活动紧密结合为基本特征,以提高学生身体健康、心理健康和社会适应能力为目的的基础学科。“潮”体育的“三维”目标在此基础之上更为具体、更加鲜明。“潮”体育是以“知识与技能”作为学生学习的内容,以学生经历的学习过程以及在学习过程中运用的方法为“过程与方法”,把“情感、态度与价值观”作为学生在学习过程中得到的认识和发展。三者各自有内涵和特征,“潮”体育把它们密切相连,使其相辅相成,共同存在。

1. 感知“潮”体育的精彩

“潮”体育中的运动项目出自前人的智慧,是经历了时代的变迁流传下来的,每个内容的动作都有其意义所在。再微小、再平常项目都能玩出花样,玩出精彩。如大家熟

知的滚铁环，它要求操作者有一定的身体平衡性、上下肢体的协调性、手眼结合的控制力。其最常见的表现形式就是滚动向前。“潮”体育要求学生在掌握基本的玩法之后要有创新，要玩出“花头”，让铁环会走直线、走曲线、会画圆、会画正方向，可以让铁环离开地面做一些高难度的动作，让铁环更加绚丽，更富活力，这就是“潮”体育的精彩之处。

2. 享受“潮”体育的快乐

“潮”体育在课上不仅仅只关注学生的强身健体，更关注的是愉悦身心的功效。“潮”体育不需要特定的器材，可以说是随时随地，并且很多不以输赢为目的，以享受快乐、参与活动为宗旨。如“潮”体育项目中的跳绳，有单人双飞、双人单绳、双人双绳、双人双飞、单跳单进、绕八字、接力跳等等。大家在跳绳的过程中享受的是绳子对自己带来的快乐，在玩中学，学中乐，并且在玩耍的过程中还能很好地增进与伙伴之间的关系。

3. 浸润“潮”体育的文化

“潮”体育与一般体育课最大的一个区别就在于，“潮”体育注重体育内在的文化传承。很多体育项目来自劳动人民，因此其内在文化都具有吃苦耐劳、坚持不懈、顽强拼搏等精神。“潮”体育的教学就是要让学生继承这种精神。像奉贤的滚灯，设计的初衷是为了强身健体对抗倭寇。在战乱时期只有把自己练得更加强壮才能在打仗时少流血，才能保家卫国，因此在滚灯项目的教学中“潮”体育要求学生继承流传一份爱国情操，要有一份坚持不懈的精神。因此，在学习滚灯技术动作时，有没有传承到滚灯的内在文化，是衡量滚灯项目掌握程度的重要指标。

总之，“潮”体育的“三维”目标在现代体育教学的基础目标之上更鲜明、更深层。每个项目都要遵循“潮”字，要有创新，学会感受快乐，学习体育的内在文化。

二、“潮”体育表现形式是多样的

“潮”体育的表现形式是多样的，“潮”体育可以和音乐结合，音乐有带动激情的作用，有使人放松的作用，不同的乐音背景可以给予体育课新鲜的生命力；“潮”体育可以和舞蹈结合，扭动身体，活动关节，正是体育课的目标，“潮”体育把一些适合课堂的舞蹈引入进学校体育，让学生紧跟时代的节奏；“潮”体育可以和美术的结合，静态的美术作品，通过动态的体育，相辅相成，相得益彰，彰显“潮”体育的创新。

1. “潮”体育与音乐的结合

“潮”体育强调学生课堂活动的多元性，摒弃传统老师吹哨指挥学生练习的方法，引入音乐的控制，调节学生上课的积极性，点燃学生课上的表现力。根据不同教学内容，选取不同风格的音乐可以很好地提高学生上课的效率。比如耐力跑的环节，学生在长时间奔跑之下肯定会有放弃的心理，这时候配上“加油歌”，可以在学生心理上起到一定程度的鼓励作用。

2. “潮”体育与舞蹈的结合

“潮”体育还有一个最大的特点就是与时俱进，把潮流的舞蹈引进课堂，舞蹈很大程度上就是体育的一种表现形式。“潮”体育选取一些适合学校体育学生锻炼的舞蹈，进行一定的修改使其符合教学内容。比如利用快节奏的《江南 Style》、《Gentleman》等舞蹈作为体育课上的准备活动而慢节奏的《茉莉花》舞蹈可以作为课上的放松运动。

3. “潮”体育与美术的结合

“潮”体育与美术也可以很好地结合。美术的表现形式往往是静态的，“潮”体育可以把这种静态的美术美，转变成动态的美。如布依族的舞花棒，就是一种把体育与美术完美结合的项目。布依族的服装是具备民族特色的服饰，但穿在身上只是一种静态的美，加上了舞棒的体育运动就把这种静态的美，通过身体与花棒的美妙结合转变成动态的美，使舞花棒成为布依族的民族文化。

三、“潮”体育的教学过程是丰富的

教学过程是一节课的核心部分，再好的内容没有合理的出彩的教学过程也将暗淡无光。学生天性好动、好玩，我们应该予以保护，而不是抹杀。“潮”体育通过丰富多彩的教学过程，满足他们的需要，使他们享受童年的快乐，促使他们积极主动地投入到体育活动中去，这对促进他们身体的正常发育和心理的发展都是大有裨处的。“潮”体育教学过程倡导学生“创设情景、自主学习、合作交流”，以培养学生“探索新知识”、“分析问题和解决问题”的能力。“潮”体育的教学过程，把转变学生的学习方式作为重要的切入点，强调尊重学生学习方式的独特性和个性化。

1. “潮”在创设情景

“潮”体育在教学中指导学生进行探究式学习，创设类似与研究的情景，通过学生自主独立地发现、实验、操作、调查、搜索与处理信息，作出表达与交流等探索活动，引导学生对所教学的运动项目的技术、原理和练习方法进行探究。创设宽松和谐的学习氛围，营造问题情景，激活学生的好奇心、求知欲，有目的、有意识地鼓励学生提出问题，让学生积极思维，大胆地提出问题，勇敢地寻找问题的答案。同时，“潮”体育要求对于学生在探究过程中出现的不足、甚至错误都应给予宽容和理解。

2. “潮”在自主学习

自主学习就是以学生作为学习的主体，通过激发学生内在的学习兴趣，逐步培养学生学习的主动性、独立性和能动性，使学生独立运用分析、探索、质疑、创造等方法来实现自己的学习目标。作为教师应正确理解自主学习，反对强制学习、限制学习、毫无自由的学习。在体育教学中倡导设疑自探，即在教师的指导下尽可能多地让学生有充分的思考、判断的时间和空间，根据他们自己的实际情况进行最有效的学习和锻炼。

3. “潮”在合作交流

在现代社会中，人与人之间的合作显得尤为重要。合作学习的最大特点是“互动”。“潮”体育要求教师应由教学的主宰转变为学生“学习活动的引导者和组织者”，强调体育教学应以自读自悟、自主探究为基础，提倡合作、探究式的体育教学方式。通过把小组合作学习方式引进体育课堂，营造一个让学生积极参与、自主选择的开放的融洽的学习环境，让学生在自由而充分的学习活动中掌握知识、发展能力、提高素质。

【课堂全景】《滚灯》

教学目标：

1. 80%学生掌握滚灯缠腰提前曲臂拉灯的动作方法，灵活运用“你争我夺”的游戏方法和规则。通过锻炼，提高平衡、协调、灵敏等身体素质，发展上下肢力量。

2. 培养互助交流的良好品质，建立正确的审美观，形成良好的身体姿态，树立传承民族文化的责任意识。

教学过程：

一、情景导入，学生激情投入

师：同学们，以前人们在出海前都有一个点灯的仪式，是对出海亲人的一种祈愿，现在让我们用手中的小灯，点亮我们的课堂吧。（教师控制音乐，带领学生一起做小灯操）

【设计意图】　准备活动是每节体育课所必须有的，一般体育课的准备操是教师喊口令带领学生做从头到脚的关节操。本课准备活动加入音乐，利用手中小灯舞动身体，在达到热身的同时提高学生上课的兴趣，增加学生对滚灯历史的了解，展现民间传统文化的精髓。

二、教师设疑，学生自主体验

师：下面看看老师这个动作和上节课的动作有什么不同？大家一起来试试。

1. 复习绕腰基本手腕动作

2. 示范滚灯缠腰动作

3. 学生进行模仿学练

【设计意图】 因为滚灯的缠腰动作是在绕腰基础之上增加一个体前屈臂提拉的动作,使滚灯围绕自己身体进行上下、前后的转动。本课内容教学的主要就是体前曲臂拉灯,通过教师的示范给学生一个直观的感觉,然后让学生通过模范进行一个自主学习,通过体验、感受动作,为下面教学做一个铺垫。

三、合作学练,学生互助提高

1. 双人互助体验中灯提拉

2. 双人互评检查动作成效

3. 四人一组决出滚灯小达人

4. 全班 pk 战出滚灯传承人

5. 八人一组展示滚灯的力与美

【设计意图】 练习中灯的时候,首先设计的是双人一组互助学练。一位同学提拉滚灯至胸前,由对面的同学进行扶持,使学生感受中灯提拉的正确时机,同时学会互相帮助保护的品质。之后,进行两人一组的互评环节,希望学生在自己掌握的同时帮助身边的小伙伴共同提高,同时也起到一个巩固动作的作用。四人一组比赛意在小团体之间有一个相互竞争的意识,相互超越达到越来越好的目的。全班 pk 环节是为了增加学生的自信心与表现力,敢于表现自己,同时让旁边加油的同学学会对别人的肯定。最后的展示把学练推向高潮,通过对以前动作和刚学动作的展示,让各组学生进行自主编排、自主组合,把滚灯的力量与柔美充分地表现出来。

四、游戏辅助,学生快乐运动

师:滚灯的起源是为了对抗倭寇,在练习中培养自身的顽强的意志,你们能超越他们吗?

师:下面我们进入“你争我夺”的游戏环节,我们以争的小灯的个数多少为胜利条件，在奔跑过程中要发扬坚持不懈永争第一的精神。

1. 摩拳擦掌

2. 极限挑战

3. 战胜自我

【设计意图】 此综合活动是以奔跑为主、搬运小灯为手段的一个耐力跑项目，在提高学生课堂活动强度的同时增加学生耐力跑的能力。同时要让学生真切体会坚持不懈就是胜利的道理。活动分为三个环节：第一个环节是以熟悉知晓活动方法为主，进行一个1分钟的试跑；第二环节是一个2分钟的耐力跑，希望学生在这2分钟内都一直处于一个中速奔跑的状态，咬牙坚持；第三环节是一个超越自我的过程，把第三次拿到灯的成绩与第一次进行比较，使每一个学生都能有一个接近自己成绩的参照物，以达到超越自己增加自信的效果。

五、放松小结，学生集体展示

师：下面老师带大家一起跳一支《茉莉花》的舞蹈进行放松。

1. 教师带领学生进行音伴放松

2. 教师小结

【设计意图】 慢音乐有放松的效果，手拿小灯带领学生在节奏轻缓的音乐声之下，进行各关节的拉升与心理的放松。最后，以小灯为辅助道具排列成一个优美的造型，使滚灯在学生心中留下更深的印象。

【思想穿行】 情景导入——设疑体验——合作学练——游戏辅助——放松展示

“潮”体育，追求的不单单是锻炼的目的，它崇尚的是一种优质的教学理念，一种对传统理念的创新，一种以学生为本的宗旨。因此，在"潮"体育教学中要以"学生发展为本"，以"享受体育课乐趣为主"，通过层层递进的教学环节，让学生在自由、欢快的情景中得到身心上全方位的发展。释放学生的天性，享受快乐的运动是"潮"体育追求的目标。

课堂的基本模式是：情景导入——设疑体验——合作学练——游戏辅助——放松展示。

1. 情景导入

体育课开始前都有热身准备活动，本课在热身准备操中，摒弃传统的教师口令指挥学生的关节操，利用音乐的伴奏与小灯的结合，加入滚灯的历史元素，进行欢快的热身舞，让学生在充分热身的前提之下，提高学生上课的积极性。

2. 设疑体验

主教材教学一开始，教师通过设疑"老师的这个动作与上节课的动作什么不同?"抓住学生的好奇心，让学生开动大脑，思考问题。创设一个问题给予学生一定的思考空间，让学生通过自主体验，探索动作的不同之处。这种通过自主揣摩、总结经验的过程可以让学生在学习新动作时留下深刻的印象。

3. 合作学练

主教材练习部分主要运用的是合作交流的方法。在自主体验之后，每个人都有对动作的不同理解，这时候合作学练就成为一个至关重要的部分。通过设计双人互助中灯练习、双人互评、四人比试和全班PK的环节，层层递进教学，让学生在了解动作之后进行相互帮助学习，熟悉动作之后进行双人的点评互助提高，掌握动作之后进行小团体的比试，能熟练运用之后进行一个面向全班的表演，从而一步一步把教学内容推向深入，一步一步把学生的激情提到最高。

4. 游戏辅助

次教材安排的是一个耐力跑的内容，通过搬运"小灯"，让学生在传递"滚灯"情怀的前提之下进行一个耐力的身体素质练习。在这个环节中强调学生在进行游戏中的一个"规则意识",在奔跑中释放学生爱跑的天性。

5. 放松展示

放松部分设计了一段唯美的"茉莉花"舞蹈。通过茉莉花慢音乐的伴奏,让学生在心理上得到放松;通过设计拉伸动作,让学生在身体上得到放松。同时把滚灯的表演艺术融合进去,使学生身心得到放松感受"滚灯"项目的美。

【精彩瞬间】 "潮"体育在快乐放松的环境中嗨起来

四年级第二学期《体育与健身》教学片段:

民体:滚灯

师:同学们,我们学习滚灯到现在学会了哪些动作?

生:小甩、大甩、抛球、打花、双叉、滚地龙、白鹤生蛋、缠腰……

师:对,好的,看来同学们对于滚灯项目的热情很高,但是由于滚灯练习比较枯燥累人,面临一个即将失传的现状,老师想自己组建一个滚灯团队把我们的奉贤的滚灯传承下去,你们愿意帮我完成这个愿望吗?

生:愿意。

师:好,下面我们8个同学一组让老师看看你们对于滚灯的热情有多少?看看能不能把滚灯的力与美很好地展现出来。

生:好。

师:自由组合开始创编。(教师随意走入一个小组)你们准备用哪些动作?

生:我觉得滚灯的缠腰加把灯举起来最能体现我们男生的力量,女生可以围绕我们的中灯进行打花,也可以进行小甩或大甩。

师:恩,看来你们小组对滚灯掌握的很棒,老师给你们点赞。

师:(走入另一小组)你们打算加入哪些动作?

生:老师,我觉得我们要以小灯为主,所以我们有2个同学在旁边中灯缠腰,其他人边走边甩小灯,中间加入大甩,打花和双叉,你觉得这样会不会很好看?

师:会,一定会,相信你们一定能把最美的滚灯表现出来。

"潮"体育不仅仅是一个代名词,而是一些优秀教学手段的总称,是符合新课标要求的创新教学方法。社会在进步,学生认知水平在提高,接受新事物的能力在变强,教师只有不断地更新教学理念,及时充电,与时俱进,才能适应当今的教学环境,才能让"潮"体育不断"潮"下去。

(金春雷)

慢语文：教学是一种宁静的艺术

教育是一个慢活、细活，是生命潜移默化的过程。所谓“润物细无声”，教育的变化是极其缓慢、细微的，它需要生命的沉潜，需要深耕细作式的关注与规范。语文教学更是如此，放慢脚步，是摒弃了急功近利的自然之道，是摆脱了忙碌浮躁后的宁静之态，是拒绝了肤浅平庸后的深刻之美。

【灵魂渗香】 慢语文：教学是一种宁静的艺术

【课堂全景】 《一枝白玫瑰》

【思想穿行】 初读感知——深入阅读——深层感悟——深度拓展

【精彩瞬间】 慢教学是一种生命的沉潜

【灵魂渗香】 慢语文:教学是一种宁静的艺术

我觉得“语文教学应该放慢脚步”,或者说“语文教学也是一种慢的艺术”。我们的汉语没有多少性、数、格的限制,词法句法大多靠意会,灵活性强,变数多,弹性大。从母语的这些特点出发,我们的教学就应该重感悟重积累,提倡多读多写,培养语感,需要长期熏陶,增加积淀,不能急功近利,指望立竿见影。所以,语文教学放慢脚步、放缓节奏绝不是拖拉怠慢,停滞不前,陷入“高耗低效”的泥潭,浪费宝贵的教学时间。从母语教学的特性说,她就应该是一门慢的艺术。我们所追求的是符合学生实际的“慢”,是符合教学客观规律的“慢”,是为了抵达快的“慢”,是为了提高效率的“慢”!

一、慢语文的气质

气质每个人都有,语文课堂教学同样也具有自己的气质。语文课的气质孕育在本色之中。本色越浓,气质就越鲜活。语文课的这种气质表现为语言的芳香,情感的浸润,文字的醇厚,情思的顿悟,个性的彰显,生活的观照,文化的品味……

富有气质的语文课不是每个语文教师都能达到的。富有气质的语文课堂是老师苦苦追寻的理想课堂,是语文老师的诗意栖居地。语文课的气质表现为个性鲜明的教学目标、扎实有效的语文实践、大气磅礴的文化气息……

1. 以厚重的语文含量引导语文气质

语文含量包括什么?简单地说,是言和意。“言”既包括字、词、句、篇、语、修、逻、文等语文知识和文学常识,又包括从古至今数不胜数的言语表达技巧和艺术。“意”不仅指文本中蕴含的思想、概念等逻辑思维,更多的是指印象、情绪、想象等形象思维和情感、思想、意念、理想等心理活动以及人性、人情、人道内在的心灵世界。阅读教学目标中的语文含量往往决定着这堂课的语文气质。

2. *以多样的语文方式支撑语文气质*

著名教育家成尚荣先生提出：语文还要再语文一点，要以语文的方式进行语文教育。用“语文的方式”上出阅读课纯正、浓郁的语文气质，这才是一堂好课的标志。这就要引导学生实实在在地接触文本，接触言语，通过生动、扎实地如朗读、背诵、涵泳、理解、感悟、积累、运用、品读、玩味、联想等语文实践活动，走进文本世界，让“言”与“意”和谐地融合在一起。

3. *以风度语言实践挥洒语文气质*

阅读教学要紧贴文本的地面行走，在言语的丛林中穿行。要紧扣语言，咬文嚼字，品词品句，亲吻语言的馨香，咀嚼语言的滋味，触摸语言的体温，掂量语言的轻重，辨别语言的色彩，玩味语言的意蕴。要有对语言文字的自觉关注，要有文字敏感性。因为阅读教学就是从一个个标点、一个个词语、一个个句子开始构建起学生的言语世界，与此同时构建起学生的精神世界的。因此，要不让那些看似细小却又是有血有肉的、哪怕是一个字一个词乃至一个标点溜走，加强语言实践，提高语文学习的人文性。因为，课文的文字词汇并非一些冷冰冰的符号，而是作者思想的结晶，情感的载体。

二、慢语文的情韵

语文的阅读教学是一种审美的教学，审美即情感，情感即人生。文章不是无情物，文学的艺术、语言的艺术、思维的艺术，都激荡着强烈的情感活动，蕴藏着丰富的情感因素，凝聚着人类情感的精华。我们在一次次的心灵撞击中受到智慧的启迪，得到情感的共鸣，领略人生的真谛，扬起生活的风帆。如果语文课堂没有情感、充满空洞的说教，那么一个个栩栩如生的人物也将在毫无激情的课堂上枯萎死去。我们的语文教师，就应该把一堂课当作一首抒情诗，一幅风景画，使学生在短短的几十分钟内领悟真谛，陶冶情操，培养语文素养。

1. 文中找情——清风明月本无价，近水远山皆有情

春风化雨，润物无声，滋润学生心田的正是文中的真、善、美，文中奔涌着的那浓浓的情。语文的教学过程就应该是诗一般的心灵感应和情绪感染的过程。我们的语文课本，收集了古今中外的文学名篇，娴雅精致、脍炙人口，饱含了人类的深厚情感，融真善美于一体。刘勰云："夫缀文者情动而辞发，观文者批文以入情。"教师在备课的过程中，要深入挖掘钻研教材，挖掘全面的情感因素，把积累的情感和知识内容的传播合为一体。

2. 句中悟情——情到深处人自醉，爱到深时心不悔

文本的语言是作者情感爆发、心理升华的产物，是经过了反复锤炼的语言艺术的结晶。因此，在教学中要紧紧抓住锤炼的语言精华引导学生品味体会，感受其精妙，领会其佳处，把握其规律，从而使学生感受语言学习的情趣，得到语言艺术的熏陶。这就要求在我们的语文阅读教学过程中，要特别注重"咬文嚼字"，推敲关键词句，把握蕴涵在词句中的情感因素。

所谓的咬文嚼字就是对那些言简意明的关键词句作细细的品味，悟出其蕴涵的深意。当我们把词句的分析与贯穿全文的心理体验、深刻寓意有机地结合起来的时候，才能更好地挖掘蕴涵于词句中的情感因素，从而领悟到课文的要旨。

3. 想中入情——月华过处风来惹，情不自禁心跳时

"神与物游，心与理合"，要想引导学生披文入情，就离不开教学过程中学生的静思默想与浮想联翩。没有学生的静思默想，就不可能对文本产生个性化的体验与解读，也就谈不上"一千个读者就有一千个哈姆雷特"了。而没有浮想联翩，我们也就无法体会李白"君不见黄河之水天上来，奔流到海不复回"的豪迈，感受王维"空山新雨后，天气晚来秋"的意境，也就不可能读出"草原"的"天涯碧草"、"安塞腰鼓"的"奇伟磅礴"……我们只有紧紧地抓住作品中蕴藏的丰富内涵，充分发挥学生的静思默想与浮想联翩，调动起学生的有效的情感体验，才能使学生的情感与文本的情感达到共鸣。

在语文的阅读教学过程中，我们要充分调动各种感官，各种情感，采用多种有效的手段来实施情感教学。同时，也要善于创设教学情境与氛围来调动学生的激情。

三、慢语文的姿态

于漪老师曾说过："文似看山不喜平，起伏曲折，就会使读者兴趣浓厚，步入胜境，领略无限风光。"语文课更是这样。如果课上得太平板，孩子就会昏然欲睡；如果课上得有起有伏，有鲜明的节奏，语文课就能上出特有的语文气质和情韵来。

1. 教学内容应该疏密相间

有的教师认为讲得越多，孩子就学得越好；讲得越细，孩子就理解得越深。其实不然。语文课应讲究"疏密相间"，教师要读懂教材，决定内容的取舍详略，突出文章主旨的段落就着重讲。关系不大的就略讲，或放手自学，或以读代讲。量体裁衣，轻重有当，剪除枝蔓，疏密相间。

2. 教学形态应该动静结合

"动"是指讲解、朗读、讨论、操作，"静"则是指学生的默读、观察、思考、想象。语文课中的"动"能激活孩子学习的情绪、活跃课堂的教学气氛；"静"则有利于孩子的深入思考。如果语文课上"动"多"静"少，就会出现表面上热热闹闹，但孩子的思维很少参与学习；如果"静"多"动"少，孩子就容易产生疲劳。因此，教师要考虑孩子的年龄特点，一动一静，静中有动，动中有静，动静结合，相得益彰。

3. 教学方法应该山水写意

于漪老师说得好："教课又如画画，有笔有墨，各种画法穿插运用，根据题意布局，用墨深深浅浅，浓浓淡淡，用笔粗粗细细、曲曲折折，主题突出，陪衬得当，满纸气韵，浑然一体。"对突出课文主旨的内容或课堂上生成的闪光点应"浓墨点画"，教师要加以点拨，引导孩子"见木知林"。对课文的情节、语言、情感的精彩处则"浸润渲染"，文章不出细处，感人不深；课教不到细处，收益不多。对教学思路则"线条色勒"，既不把语文课上成“清清楚楚一条线”，也不能上成“模模糊糊一大片”，而应注意穿针引线，主线清晰，开合自如，浑然一体。

4. 教学语言应该生动优美

“语言不是蜜，但可以粘东西。教师语言不是蜜，但可以牢牢粘住学生的注意力。”教师要学会提炼自己的教学语言。一是要积累丰富的词汇，平时广为采撷，大量储存，上课时便会涌入脑际，信手拈来。二是要运用各种修辞手法，句式要富有变化，贴切的比喻能启发孩子的联想，精当的设问能造成悬念。三是语言要节奏和谐，抑扬顿挫，给孩子以美的享受。四是语言还应倾注充沛、真挚的情感，情动于中而言溢于表，只有满腔神情，才能打动孩子的心。如《天鹅的故事》一文中有一段话：“一只个儿特别大的老天鹅，腾空而起，可是它并没有飞走，而是利用下落的冲力，像石头似的把自己的胸脯和翅膀重重的扑打在冰面上。”教学这一段内容时，我就引导孩子们，用自己的手试着像老天鹅一样，腾空而起，利用下落的冲力，像石头一样重重地往桌子上砸，一次、二次、三次……让他们说说自己这样反复以后的感受。学生在反复的体验中理解了什么是“挺身而出”，什么是把“生死置之度外”，什么叫“勇敢顽强”，什么叫“舍己为人”……

让语文教学慢下来，让孩子有更多的时间感受、品味、涵咏优美的语言文字，领略慢语文的气质，感触慢语文的情韵，深入慢语文的实践，体悟问罪背后丰富的人文内涵。引领孩子打开社会这本巨大的语文教科书，在生活中学习语文，应用语文，丰富知识，提高能力，让学生进入一个活生生的广阔的语文学习天地。这样的慢，是多么有价值啊！

【课堂全景】《一枝白玫瑰》

教学目标：

1. 了解课文是按“我”的心情变化为线索叙述故事的，并能联系上下文说清产生这些变化的原因。

2. 读懂“我”和小男孩的对话，能用连贯的语言简要介绍小男孩的情况，在读懂内容的基础上，感受亲情可贵、真情无价。

教学过程：

一、启发谈话，揭示课题

师：在第一单元里，我们从《我的第二次生命》一课中，认识了一位伟大的父亲。今天，让我们再读一个催人泪下的故事，再一次共同感受人世间至深至爱的亲情。出题《一枝白玫瑰》。

二、启发质疑，整体感知

1. **师：**故事发生在有一年的圣诞前夕，作者在报纸上看到这样一条消息。同学们自己来读一读。

2. **师：**这原本是一个温馨幸福的四口之家，可是现在——（出示本课插图）

小女儿先去了天堂，母亲也静静地躺在殡仪馆里。留下的是伤心的父亲和年幼的男孩。故事并没有结束，引读：

（1）预习反馈，了解“殡仪馆”。

（2）引导质疑：读了这两句话，结合刚才我们了解的作者与小男孩之间的关系，你有什么疑问吗？

（3）了解故事发生的时间，分清内容的主次。

【设计意图】 检查学生的预习完成情况，看学生是否在课前进行了充分的预习。在课堂上拿出一定的时间进行单元重点项目的训练，引导学生在阅读的过程中掌握不同课文的阅读方法：长文短读、重点精读。本文的写作顺序有两个：时间变化、地点转移，这对于孩子来说，还比较难于理解，教师就要给予学生指导，教给学生一些简单的批注符号、批注方法，让学生真正做到动笔墨读书，理清作者的写作思路，在潜移默化中，学习作者的写作方法及表达形式。

三、初读课文，找准线索

1. 自读课文，初步了解“我”的心情变化。

我们以前读过很多以第一人称写作的文章，作者特别注重描写主人公的情感变化。接下来，就请大家快速浏览课文，找找文中描写“我”情感变化的句子。

(1) 交流，找出课文中表现作者情感变化的句子。

(2) 齐读句子。

2. 小组学习，联系上下文初步了解“我”心情变化的原因。

(1) 再读课文，联系上下文，了解作者情感变化的原因。在极短的一段时间里，作者的情感怎么会发生这么大的变化呢？细细读读课文，找到答案，再与同桌交流交流。

(2) 自由准备，同桌交流。

【设计意图】 文中“我”的心情变化是本文的行文线索，在初读课文这个环节，我设计了一个寻找“我”情感变化的句子的练习，让孩子从了解“我”的心情变化中逐步理解故事内容，体会小男孩对妈妈和妹妹的感情，乃至人与人之间的真情。

四、深入研读 1—4 节

1. 学习第 1 节，了解“好奇”的原因。

(1) 结合第 1 小节中“我”听见、看见的内容，了解“我”好奇的原因。

(2) 结合板书，说清“我”好奇的原因。

2. 用圈画、做批注的方法学习第 2 节，读懂小男孩的情况，了解文中语句“我的心几乎停止了跳动”的原因。

(1) 从“我”和小男孩的对话中，了解小男孩的情况。

① 师生配合读第 2 节中的对话。

② 结合小男孩的话语，以批注的形式，交流对小男孩的了解。

③ 完整地说清小男孩的情况：一起来交流一下。

(2) 学习“标注”的学习方法。（师小结：用几个简单的字词写下读课文时的感受，这就叫批注，是阅读的好办法）

(3) 想象说话,理解“我的心几乎停止了跳动”的原因。

【设计意图】 批注是指批语和注解,是学生根据已有的知识经验和生活积累,运用圈、点、勾、画、批、注的方式进行自主阅读、自我感悟。边读文边批注是阅读的好方法之一。对于四年级的学生,教给他们一定的圈划形式非常必要,可以逐步培养他们养成良好的阅读习惯。

3. 学习第3小节,读懂小男孩的情况,了解“我再也忘不掉那男孩儿”的原因。

(1) 结合第3小节,感受小男孩的善良、天真。

(2) 用连贯的语言说说“圣诞节前一天,我和小男孩之间发生的事”。

4. 朗读第4节,感受“那男孩当然不会和这事有关”的内涵。

(1) 引读第4节。

(2) 感受“当然”一词的意思,指导读好“我”安慰自己的话。

五、细细品味学习5、6两节

1. 引读第5小节,再次感受发生在殡仪馆的一幕。

2. 联系“玫瑰花、洋娃娃、照片”等关键词,配乐引读1—3节中小男孩的有关表现,加深感悟。

3. 学习第6节,体会“我”内心复杂的情绪。

六、总结全文,引导体会作者命题的用意

1. 对照题目引导体会以《一枝白玫瑰》为题的意义。回过头来读读课题,你发现作者以《一枝白玫瑰》为题的用意了吗?

2. 教师小结。

【设计意图】 语文课不能上成品社课,但是语文课中又必须适时渗透“两纲”精神,为此,在结束本文时,在教师的小结语中,由教师从课题的含义点到遵守交通法规,既没有“鸠占鹊巢”之嫌,又很好地起到切实的教育作用。

【思想穿行】 初读感知——深入阅读——深层感悟——深度拓展

慢语文，要求学生在教师的引领下，走进文本，在课堂上有充分的时间与文本交流，深入文本，在读中品，在读中思，在读中悟，深层次感受语言文字的魅力，进而提升语文综合素养。慢语文，对教师的要求非常高，要求教师有多元地解读教材的能力、适度地教材取舍能力、创新的教学设计能力、文本资源的整合能力、及时捕捉课堂生成的能力、课程资源的开发和整合能力等。课堂的基本模式是：初读感知——深入阅读——深层感悟——深度拓展。

1. 初读感知。即在情景创设引导下，初步感知文本的内容。孩子初读课文，不是随便读两遍，而是有层次的，一遍有一遍的提高。一般情况，第一次初读，要静心设计导入环节，激发学生初读课文的兴趣，并以提纲挈领式的问题引发孩子对文本内容的思考。

2. 深入阅读。围绕品味文本的需要进行阅读，其核心也在一个“品”字上，也就是要把文章的书面语言提炼和升华。根据课文内容和学生实际，引导品词、析句，进行突破重点难点的讲读，领悟语言表达之精妙，体会表达方法的运用，探讨读写技巧，从而更深层次地领悟文章的思想性。

3. 深层感悟。品读课文时，一般是让学生反复读书，“读了又思，思了又读”，反复品读，才能入情入境。教学中，教师要充分调动学生思维的积极性和主动性，重视语言的品读，调动学生学习语文的浓厚兴趣，让学生在课堂上既学会语文知识，又获得艺术享受；既增添课堂的“语文味”，又体现语文工具性的价值。

4. 深度拓展。依据课本内容进行的拓展训练是指，在阅读文本的基础上，根据所学的内容和学生的实际，立足文本、超越文本的训练。在教学中应注重发展学生的思维，放飞想象，借助课文中所渗透的知识向外延伸，让学生走出读本，走进生活，去实践、去体验、去创造，培养创新意识。

【精彩瞬间】 慢教学是一种生命的沉潜

四年级第一学期《一枝白玫瑰》教学片断：

师：（引读）看着那位母亲手中的白玫瑰，我分明听到了男孩那激动的声音。

生：（接读）啊！我有买洋娃娃的钱了，我能让妈妈把它带给妹妹了。我还可以买一枝白玫瑰，我妈妈非常喜欢白玫瑰。

师：（引读）看着那位母亲怀抱着的漂亮的洋娃娃，我的眼前不由得出现了男孩的身影。

生：（接读）小男孩正抱着一个可爱的洋娃娃，不住地抚摸她的头发，仰着小脑袋，问售货员："你能肯定我的钱不够吗？"那小可怜儿仍然站在那里，抱着洋娃娃不放。"洋娃娃是妹妹一直特别想得到的圣诞礼物，可是圣诞老人不能去我妹妹待的地方……我只能让妈妈带给妹妹了。妹妹已经跟上帝在一起了，爸爸说，妈妈也要去了。"

师：（引读）看着那男孩的照片，男孩悲伤的神情又一次在我耳边萦绕。

生：（接读）"我想让妈妈带上我的照片，这样她就永远不会忘记我了。我非常爱我的妈妈，但愿她不要离开我，但爸爸说她可能真的要跟妹妹在一起了。"

师：这一幕幕场景让我的心再也无法平静下来，我含着热泪离开了，闭上眼睛，静静地想象当时我离开时的心情，用一两句话写下当时的情景。

生：（当场写一写，练一练）。

师：大家都写了些什么内容，我们来交流下。

生：这一幕幕场景让我的心再也无法平静下来，我含着热泪离开了。我始终忘不掉小男孩悲伤的神情，失去妈妈和妹妹的他，今后的日子该怎么过呢？

生：这一幕幕场景让我的心再也无法平静下来，我含着热泪离开了。我被小男孩深深地感动了，一个还没有长大懂事的孩子，用自己的全部诠释着对妈妈和妹妹的爱。同时，我更加明白，亲情是如此的可贵，我们要懂得珍惜……

生：这一幕幕场景让我的心再也无法平静下来，我含着热泪离开了。我的内心即悲伤又愤怒，悲伤的是小男孩从此就没有母亲，失去母爱，他的童年将失去色彩；愤怒的是可恨的司机夺去了小男孩母亲的性命，造成了这样巨大的不幸……

用教师巧妙的语言引导回读课文的内容，让孩子展开想象的翅膀，深入文本，成为文本中的一员，使孩子的情感与文本、作者情感相互共鸣，真切感悟文本内涵，切切实实地读文本、悟语言、学语文，慢语文的教学妙在其中、乐在其中。

（曹　阳）

靓英语：让课堂绚丽多彩

英语是什么颜色的？她是争先恐后的姹紫嫣红，是思维碰撞的碧波万顷，是翱翔天际的蔚蓝透明，抑或是娓娓道来的纯白无瑕。是的，英语是五彩的，那么英语课堂也应该是斑斓的。开启智慧的天窗，插上想象的翅膀，走进绚丽的英语课堂，你能窥见一个别有洞天的"靓"世界。

【灵魂渗香】 靓英语：让课堂绚丽多彩

【课堂全景】 2A M4U1 *In the sky*

【思想穿行】 语境创设——多元呈现——任务辅助——情感提升

【精彩瞬间】 激发思维灵感，让教与学产生共鸣

【灵魂渗香】 靓英语:让课堂绚丽多彩

有人说,英语课是千篇一律的阅读分析;有人说,英语课是枯燥乏味的词句复读;也有人说,英语课是听、说、读、写的大杂烩。然而,在全世界都在创新的今天,小学英语教学也需要注入新鲜的血液来使她容光焕发,光彩诱人。

靓英语,提倡教师能够摒弃传统的英语教学模式,以创新的态度对待教学过程中的各个环节,从而使学生"主动"起来,让课堂"灵动"起来。靓英语是贴近英语新课标要求,符合学生心理特点,顺应当下时代潮流的产物。笔者认为,靓英语,可以做到以下几点。

一、内容重整,靓丽教材

英语课堂教学分为两种。以前的传统教学称为理解性教学,以传授知识为主,目的是看学生懂不懂,即"授之以鱼"。近年来,整个上海市英语教学以应用性阅读教学为研究方向,开始了漫长而崎岖的探索之路。

众所周知,应用性阅读教学最重要的一点就是"教材内容的整合"。如何将简单相同的几页教材知识整合成有趣、新颖而又基于课标的授课内容,使原本有些单一乏味的课堂变得漂亮生动,是一节课成功的基础。正如一部电影的剧本是好演员择片的关键,情节好看了,观众自然会叫好。所以,教师应学会整合甚至编写所授内容,使她们或有韵律或优美或感人或有趣,但前提必须基于教材。正因为自己编写,自己导演,亲身参与演绎,因此,有人戏称英语老师集"编导演"于一身,是个了不起的全才。而这样的"全才",往往全身上下都是创新的灵感。

如牛津教材 3A M3U3 这一单元中教学主题是 *In the park*，要求学生能够掌握一些颜色类及玩具类词汇，并能够熟练运用主要句型 Look at ... It's ... 进行描述。面对单一的单词和句型，创新型的教师能根据自己班级学生的英语基础将这些元素串联起来，构成全新的文本，赋予教材内容新的更高层的生命力。如去探望智障儿童，送给孩子们礼物，带给他们温暖，在这样的大背景下，很自然引出"Look at the ..." "It's ..."的句型，在描述所送礼物时，及时教授新单词，创新而有意义。

二、教法多元，激发兴趣

传统的教学是以词汇教学为主，即纯粹的单词教学，它只是强硬地将单词灌输给学生，一堂课结束的时候，学生都会念单词，但是却只会机械地念单词而已。而靓英语要求教师能够在应用性阅读教学的基础上，用各种丰富的教学手段来吸引学生学习的注意力，最终使学生能大胆说英语，并热爱英语。

首先，教学媒体的多样化可以激发学生"想学"的欲望。纵观近年来优质课的展示，一节优秀的课，必定是集视频、音频、图片等多种多媒体为一身的综合体，带动学生的听觉、视觉享受，自然而然能激发他们想学英语的冲动。

另外，随着时代的进步，*Power Point*、电子液晶屏、电子白板甚至 ipad 的加入都让英语课变得新奇起来。这些先进的辅助工具能让学生更直观地体会到原本坐在教室里所接触不到的东西，充满好奇的小心脏一次次被触动，激起一波又一波教学高潮。这，就是教学媒体多元化所带来的奇效。

其次，教学形式的多样化可以提高学生"想说"的兴趣。教师可以通过各种各样的形式，如用歌曲、儿歌、游戏、小诗、谜语甚至肢体动作等的配合，以或个人，或同桌，或小组的合作形式，激发学生的学习兴趣，赋予英语课堂以生命力，让学生愿意说英语。

如在 4A M3U1 *Animal School* 的教学过程中，老师用小白兔的心理贯穿整节课，在碰到 sad 这个单词时，悲凉的音乐响起，教师带领着孩子们一起边说边皱眉，绝望地哭泣，甚至拿起吉他，坐在桌子上，带着孩子们唱起了悲伤的歌“I am sad. I am so sad ...”让孩子们体会到了小兔子的自卑，身临其境，在体验这种情感的同时，已经在不知不觉间有意义地操练了新授知识。这样的教法，让听课的我，如痴如醉。

最后，教学板书的变革可以带给学生“能说”的快感。从一开始的手写，到现在夺人眼球的彩色印刷体，板书的变革也让英语教学变得与众不同。现代教学的板书不应该拥有统一的模板，只要它是符合教学目标、清晰的、有思维导向的，就有它存在的必要性。变革后的板书可以是多彩的，甚至是有情境的，它应该是更形象也更便于记忆的。学生能脱离媒体，脱离书本，借助它更方便地运用语言，即使是学习能力较薄弱的同学，也能参照板书大胆开口说出英语。这样的板书，新奇而实用。

三、任务创新，提高语用

在英语课堂教学中，到处都可窥见任务(task)的身影。而近年来新兴的课内学习任务单，则是在课堂35—40分钟内为提高学生兴趣，增加可操作性，检测学生是否对刚学知识掌握牢固而存在的一个或几个任务，通常以纸质呈现。越来越多的老师倾向于设计创新而有效的新式任务单，此类任务单更注重培养学生的语用能力，也更贴近生活，更受学生喜爱。

而在课堂中适时地插入此类创新性课内学习任务单，让学生“动”起来，让课堂“活”起来，正是靓英语所提倡和需要的。

1. 创新任务单的分类

(1) 调查式任务

此类学习单通常用于新授句型的操练，以表格形式呈现。比如学到职业相关知识时，对朋友家人职业的调查，对同学或朋友的喜好调查等，可以采用学生之间的问答并填写，以此来训练学生的听力，同时也培养了他们看懂表格的能力。由于此类调查涉及家人朋友，所以学生也显得比较积极主动。

(2) 文章书信类任务

顾名思义，此类学习和日记、信件、小作文等书写类有关，且都会带上或多或少的情感元素。通常出现在新授知识之后作为巩固的部分，让学生用新单词新语法新句型表达自己的想法。如教到体育运动时《我最喜欢的运动》(*my favourite sport*)；教到友情亲情时的《给某某的一封信》(*my letter to* ________)；教到一般过去式时《我的日记》(*my diary*)；教到现在进行时的《我的一天》(my day)等等，而且他们一般都是以挖空式形式出现，以节约有限的时间。值得一提的是，很多老师在实践此类学习单时并不会止步于写一写，还会让学生在全班面前读一读，去好朋友面前读一下，并送上自己的祝福和拥抱；或者在母亲节回家读给妈妈听自己的感恩日记。这就相当于由课内学习单延展到课外学习单，也是非常可取的。因为平时读的作业学生很少会主动做，而有了这种驱动型的情感渲染，学生会很乐意读给同学、老师甚至家长听。

(3) 动手类任务

所谓“动手类”，并不是指学生花大量时间去制作些什么，或拿蜡笔勾勒些什么，这样做会反客为主，偏离朱浦老师提出的“我们走在大路上”的原则。而是指在以英语为基础的前提下，让学生动起来，激发他们的学习兴趣，让原本枯燥的学习变得生动有趣，增加孩子的参与度和积极性。如在对 healthy food 和 unhealthy food 进行分类时，教师在黑板上画两个圈，让学生一边重复________ is healthy/unhealthy food，一边让学生自己拿着标签移动到某个圈里；如将学生分组，每人负责一个小动物的描述，最后再将每人手中的那页纸夹在一起，变成小组内的一本动物档案；再如在让学生描述 My dream 时，让学生将自己的梦想写在树叶上，贴到教室墙上的心愿树上等。这些动作不需要大费周章，所用的时间很短，可能只需要几秒，却激起了学生参与的热情，让原本呆板的课堂灵动了起来。而这样的任务单设计，都需要老师创新的思维，以及课前精心的设计和准备，对教师素质有较高要求。

(4) 开放式任务

开放式任务就是让学生自己想自己猜，通常运用于故事教学。如让学生想一想如果你是故事的主人公,你会说些什么;或让学生猜一猜故事的结局是什么,让他们写一写自己心中理想的故事结尾并交流;或者让学生续写故事等。这样的开放式任务,极大地训练了学生的创新性,锻炼了他们的思维能力,摆脱了传统任务中老师教学生学的被动接受的局面,让学生真正成为学习的主人。

2. 创新任务单的原则

(1)"基于课标"原则

我们现在的教学设计一切都是基于小学英语课程标准来进行的,所以课内任务单也要求我们能够真正依据课程标准规定的内容和要求,结合教材内容和学生实际,制定阶段教学目标及课时教学目标。若偏离了课程标准,则一切的精心设计都是无用的。

(2)"基于学情"原则

不管我们设计什么样新颖的任务,它必须是基于学情的。各个学校之间的学生是有差距的,每个学校里班与班的英语基础也是不同的,甚至每个班级里的不同学生水平也有很大差异,这就要求我们老师能基于自己班里学生的学情进行创新性有效任务单设计,旨在提高学生的课堂学习质量,同时也提高他们学习英语的兴趣,让他们能"用英语想事情""用英语做事情"。

(3)"分层性"原则

由于学生英语基础的不同,教师所设计的任务不应该只针对某部分学生而设计,它应该是全面的,能适合各个层次的学生,让他们从学习单中体会到小小的满足感,从而激发他们的学习兴趣,有了兴趣,就会喜爱这门课,也会间接减轻他们的学习压力,提高学习成绩,也就是我们所说的要体现"分层性"。

总之,课堂中有创意的任务设置,在检测孩子学习情况,给学生提供自信的同时,也能极大地靓丽课堂,提高他们的语言运用能力。

【课堂全景】 2A M4U1 *In the sky*

教学目标：

1. 在语境中能初步运用单词 sun，moon，star，以及句型“Look at ...”“It's like ...”对天空中看到的东西进行描述。

2. 通过对天空中看到东西的描述，激发学生热爱大自然的情感。

教学过程：

一、语境创设，靓丽文本内容

1. Free talk

2. Enjoy the pictures of the sky

3. Introduce Alice and her friends in the park

【设计意图】 借助图片和音频，导入本课话题：In the sky，同时引出主要人物 Alice，创设 Alice 和朋友们在公园里欣赏美景的语境，创新了教材中原本单一的对话场景，让场景贴近生活而变得有意义。

二、多元呈现，靓丽教学方法

1. Learn about the sun

(1) Elicit the word by the picture：sun

(2) Talk about the sun：bright

(3) Read the passage about the sun

2. Learn about the moon

(1) A riddle to elicit：moon

(2) Ask and answer to describe the moon：It's like ...

(3) Fill in the blanks

3. Learn about the star

(1) Count the stars and show the word: star(s)

(2) A song

(3) Imagine the shape of the stars

【设计意图】 这一部分是整节课的主体,共分成三段,每一段引入的方式不同,呈现的形式也各异。第一段是通过图片让学生了解 the sun,第二段是通过谜语让学生猜一猜,第三段是通过数一数来激发学生的兴趣。整个过程中充满了诱人的动态图片、视频和音乐,时刻吸引着学生的注意力。特别是教到 moon 时,教师并没有像第一段那样让学生描述它像什么东西,而是别出心裁地让学生猜不同时期的月亮像什么字母,间接让学生了解了月亮盈缺的自然现象;而在 star 出现时,又完全是另外一个思路:让学生看看星星们组成的形状像什么动物,涉及了星座问题。多元的教法设计创新而有趣,出乎学生的意料,让他们乐于开动脑筋,激发想象力,敢于表达自我。

三、任务辅助,靓丽语言支架

1. Say about the sun, the moon and the star

【设计意图】 其实任务贯穿在整节课中,此处的任务可谓是课内任务单,教师下发一张纸,上面有几个板块组成:第一块是本课的输出文本,第二块是挖空式的输出文本,第三块仅有几张图和几个提示词,而第四块只有一句话:Can you say sth about the sun/moon/stars? 这样的分层任务,让学生对自由选择,你能驾驭哪一种任务,就接受哪一种。这样的任务设计突破了以往笼统的一概而论,通过搭建不同的分层性语言支架,让学生进一步认识自我,提高自己的自信心。

四、情感提升,靓丽输出体验

1. A poem

【设计意图】 孩子在说一说自己感兴趣的自然现象的同时,让他们品味一下可爱的小诗,同时也能编一编属于自己的小诗。伴随着音乐,让他们体会到了大自然的美妙之处，这何尝不是一种只可意会的情感提升的输出体验呢？

【思想穿行】 语境创设——多元呈现——任务辅助——情感提升

“靓英语”，既需要教师在课前进行充分地预设，完成创新媒体的制作，也需要教师在课堂上展示自己的魅力，创新课堂，更需要教师拥有创新任务的智慧，从而激发学生学习英语的兴趣，提升他们的语用能力。“靓英语”有其独特的教学模式：语境创设——多元呈现——任务辅助——情感提升。

1. 语境创设，靓丽文本内容。以“课前预设”为前提，即在备课过程中，教师就应该对课本上较为单一的内容进行重整或再构，为学生创设贴近他们生活的或能引起他们兴趣的话题、语境和文本，从而提高学生的学习积极性。

2. 多元呈现，靓丽教学方法。在创设的具体语境中，运用各种形式的课堂教学方法和媒体，通过不同形式的引入、训练和输出，结合听、说、读、写各个方面的训练，提高学生包括思维、语用、创新等多方面的能力。

3. 任务辅助，靓丽语言支架。教师应该在教学过程中搭建各种不同的语言支架，由简到难，并注意分层设计，让学生能充分认识到自己。并能用多样化的创新性课内任务单来激发学生学习英语的热情，最终达到“解决任务”的目的，让学生体验到了成功的喜悦，从而提高他们的语言运用能力，让他们敢说、乐说、会说、能说。

4. 情感提升，靓丽输出体验。有的情感是自然而然融入整个教学过程中的，而有的情感是需要老师带动学生去体会的。利用各种形式的输出，如一首诗、一首歌、几张图、一段唯美的视频都可以让学生体会到英语的美妙之处。

【精彩瞬间】 激发思维灵感，让教与学产生共鸣

2A M4U1 *In the sky* 精彩教学片断：

T：Look at the stars. How are they?

S1：They're yellow.

S2：They're lovely.

S3：They're small.

T：Yes，they're small. We can also say they're little. Let's sing a song together.

(Teacher and the students sing the song and dance with the music together)

T：Look at the stars. What are they like?

S1：They're like diamonds.

T：Good sense of imagination.

S2：They're like snow.

T：Yes，you're right. Now look! What are they like?

S：Wow. A dog!

T：How amazing! So many stars can make a dog! This is called 'Zodiac'. Now guess what animals can the stars be like?

S：Maybe they're like a lion.

(Show the picture)

T：Well-done.

S：Maybe they're like a fly horse.

T：Here we have the zodiac of horse.

(Teacher shows the other zodiac pictures of the stars)

T：Now can you choose one of them to say sth. about the stars?

S：...

教材内容的重整和创新，让由星星组成的星座这个神奇的概念印在孩子们小小的脑海中，个个跃跃欲试，惊喜不断。与此同时，教与学产生了极大共鸣，擦出了思维的火花，拉近了师生的距离，高效了课堂的教学。整个过程中，学生是享受的，教师是愉悦的，内容是精彩的，课堂是缤纷的。这，也正是“靓英语”的宗旨所在。

（诸艳玲）

情致语文:为课堂添一缕诗意情韵

有人这样说过:“语文的味道是回家。”此言极是!语文教育的真谛正是诗意本质的回归。我们应积极学习王崧舟、李吉林、刘建琼等前辈的教学经验,在备课、教学和反思等环节中融入自己对语文精神、学生学情的理解,提升自己的语文教学境界,为课堂添一缕诗意情韵。

【灵魂渗香】 情致语文:为课堂添一缕诗意情韵

【课堂全景】 《瑞雪》

【思想穿行】 激情入情——初读悟情——
品读含情——表达生情

【精彩瞬间】 让儿童品味文字的情趣

【灵魂渗香】 情致语文：为课堂添一缕诗意情韵

语文教育如深溪，从远古流向未来，途中万千径流绵延四方，为中华广袤的文化之壤孕育了生机，润泽了思想。语文的教学思想也经历了沧海桑田地变革，发展至今，自我感觉，课堂上，渐渐地，人气多了，技巧多了，表达多了，但是，语文的味道却越来越淡了。这些年的从教经历，慢慢地使我在反思：我的课堂，我的语文，还缺些什么？

前段时间新课改的春风，吹落了一地缤纷，即使有的已没入深溪，还是激起了语文教育的阵阵涟漪。我也在这段时间，深入地探究了百家语文，虽然说不上大家，但是自我感觉，还是有所得的。个人认为："语文"应该是一种境界，能够唤醒文字深处的灵魂，能够意会语言记忆的自我，能够实现语文真正的幸福。

小学语文的教学是师生与文本之间的精神沟通及心灵碰撞，是打开学生思想的一把金钥匙。在传授语文基础知识的同时，教师应养护孩子的美好童心，让孩子在充满想象的课堂中品味语言文字，体悟一字一词中的诗意情韵，并形成健康的审美观念和良好的审美能力，而不应该一味地讲求技巧的训练。语文——语言文字，这是中华文化在教学上的弘扬，也是学生在学习文学综合能力的奠基。

为了让学生读懂语言、学会语文、领悟语文教学的这种最高境界，体会语文成为生命的意义所在，我认为，应当在课堂中，渗透诗意的美感，激发学生对语言的兴致，并且让他们感受到文字的情韵。所以，我提出了"情致语文"，能够为语文课堂添一缕诗意情韵，是我目前最想做的事。

一、审美解读，艺术备课

要让学生体会到文字的魅力，就要要求一线语文教师自己能够从文本中解读到文字的"情韵之美"。这就需要老师精心地解读文本，文本解读从整体上来说主要包括功利解读、科学解读和审美解读这三种方式，相对前两者对文本有用信息的了解掌握和对客观规律的探寻发现，审美解读以参照文本和体认文本的情感境界为旨趣，最终走向自我理解，具有更高一层的文本体验。小学语文教师在备课的过程中应注重对课文的审美解读，在挖掘和梳理文本的有用信息和科学规律的同时，关注课文的审美内容和审美形式，如语言的意境美、情韵美、音乐美以及建筑美等。在此基础上，教师还应重视语言的体会和文字的锤炼，在备课中掌握课堂教学重点并透彻分析关键词句，如《静夜思》中的"疑"、《荷花》中的"冒"、《威尼斯的小艇》中的"行动起来、轻快、灵活、仿佛一条蛇"等等。教师应以严谨的教案和清晰的结构做好备课工作，深度挖掘文本感情，为"情韵语文"课堂教学奠定基础。

二、守护童心，情感教学

童心可贵而又脆弱，需要人文的关怀加以呵护。"情韵语文"的教学实践应关注和守护孩子的童心，在课堂教学中灌注善意真诚的情感关怀：①以游戏解放童心。喜爱游戏是儿童的天性，游戏给予儿童灵动的生活，在游戏中儿童会调动起学习的主动性和积极性，实现自我的解放。为此，教师可以充分利用这一点，在课堂中组织各类趣味游戏，引导学生在游戏中创造着一个属于自己的思想世界。如讲解《威尼斯的小艇》时，教师可以让学生分组进行角色扮演，以课文为背景模仿船夫、乘客等人物进行对话，于轻松活泼的游戏中体会课文情感，增加对《威尼斯的小艇》文本美的感受；②以图景激活审美。大部分小学生由于缺乏文学基础和阅读经验，其文本理解能力相对较低，难以体会当中的“诗意”。为此教师应借助多元素材启发学生，帮助他们对文本进行审美。如讲解《灰雀》时，教师可借助多媒体播出婉转的鸟啼，同时展示图片——冬天公园里高大的白桦树，以及树上三只欢乐活泼的灰雀，让学生形成对于“灰雀”的具体认识和感性审美，并为下文灰雀去而不返奠定情感基础。③以过程关注学习。童心难能可贵，不应被“权威”的“标准答案”所束缚限制。为了养护学生的童心，教师应积极转变过去对于学生的结果性评价，避免以作业情况、考试成绩等论定学生的努力程度和能力水平。同时重视和逐步贯彻过程性评价，包括制定评分表、建立“积分榜”等，让学生明白过程的重要，提高参与课堂的积极性，并自由、自信地表达自己的体会、想法和建议，形成具有个性化的“情韵语文”课堂。

三、深刻阅读，诉诸表达

教师在上课之前应对文本进行深刻阅读，而在课上，也应带领学生进行深刻阅读。语文课不应该是照本宣科，而是通过学生自己的阅读体验，阅读感受，来述说对文本的理解，对文字的感悟，对作者的想法。现在，很多的语文课带有功利性，课堂花哨，内容呈现很多，显得课堂十分热闹，感觉就是一节好课，其实毫无意义。真正的好课是带给学生阅读体验，得到对文本的理解和感悟，所以课堂应该给予学生充分的阅读时间，让学生在阅读的过程中，从文本之中提取到信息，把这些信息通过教师的引导，表达出来，在课堂上得到应有的语言体验，这才是有语文味的课堂。课堂上，教师应注重从整体上审视教案是否循序渐进地激发学生的审美热情，是否能够引导学生体会课文文本语言的意境美、情韵美、音乐美、建筑美等，是否尊重学生的稚趣童心和丰富想象等。另一方面，教师应回顾和总结课堂教学中的各类细节，如有没有恰当回应学生偏离课堂主题的提问，有没有把学生临时的、天马行空的想象加以引导和梳理，等等，并根据课堂的情况制定更为完善的应对方法，通过扬长避短，优化完善，提高学生对文字语言的情韵感悟。

四、品味诗意，升华情韵

“假如你有两块面包，你得用一块去换一朵水仙花。”《古兰经》中的这句话充分体现了诗意、情趣在生活中的重要意义。语文课堂是很小的世界，但是通过诗意审美和想象，师生们找到了与作者情感交融的切合口，走进了缤纷富丽的文本的大世界之中。“情致语文”中所提倡的童心、想象等是课堂中教师与学生智慧激发出来的火花，是学生放飞心灵的产物。最终的目的还是要激发学生对语言的兴致，让学生感受到文字的情趣，体会到课堂的诗意，享受到语文的快乐，感悟到生活的美好。

“情致语文”的教学既让学生理解了文本，又发展了学生的创造思维，也激发了学生对学习语文的兴趣。提升学生语言文字的审美能力，是新时期小学语文教学改革的方向之一。所以，我们说“语文的味道是回家”，历经多年的寻寻觅觅，灯火阑珊，才发现语文教育的真谛正是文字自身魅力的感受与回归。我们应积极学习各家前辈的教学经验，在备课、教学和反思等环节中融入自己对语文精神、学生学情的理解，提升自己的语文教学境界，为语文课堂添一缕诗意情韵。

【课堂全景】《瑞雪》

教学目标：

1. 在默读中自主认识“凛、冽、霎、罩”等 8 个生字，运用已学的方法理解“凛冽、巍巍、纷纷扬扬、笼罩”等词语，借助资料，理解谚语“今冬麦盖三层被，来年枕着馒头睡”的含义，体会人们对瑞雪的喜爱之情。

2. 理解“瑞雪”的意思，抓住课题，通过抓住表示时间的词语，初步了解课文是按时间顺序描写所见所闻的。

教学过程：

一、激趣入境，情感教学

1. 谈话导入，揭示课题。

2. 查字典理解“瑞”，了解“瑞雪”的意思。

3. 引导学生质疑课题。

【设计意图】 通过谈话激发学生对下雪的兴趣，引导学生根据课题“瑞雪”的意思进行初步质疑，初步感受“瑞雪”。

二、引导学生，整体阅读

1. 出示自读要求，完成学习任务一：

(1) 轻声读课文，读准字音，读通句子。

(2) 用大圆圈圈出表示时间的词语。

2. 交流文中表示时间的词。

(1) 昨天中午(板书：雪前)——傍晚(板书：雪中)——今天清早(板书：雪后)。

(2) 理清文章脉络，小结写作顺序。

【设计意图】 在整体阅读中，让学生感受作者的写法，主要是通过先让学生读课文圈出表示时间的词，再进行交流让学生感受每个时间段写的是不同的内容，然后概括出“雪前、雪中、雪后”进行板书梳理，最后通过板书了解整篇文章是按时间顺序写作的，用这样的教学条理清晰，学生也能有所领悟。

三、体悟文本，自主表达

(一) 学习第 1、2 小节，感受“雪冷”、“雪大”。

1. (媒体播放寒风声)学习“凛冽”。

2. 指名读，边听边思考：你觉得这场雪怎么样？(板书：大)

3. 默读描写雪中情景的句子，用小圆圈标出让你感受到雪大的词语。

①（第一句句子）交流词语：大片大片、纷纷扬扬。

随机指导朗读。（写作方法：抓住空中雪花进行描写。）

②（第二句句子）交流词语：霎时间、笼罩、白蒙蒙。

随机指导朗读。（写作方法：抓住地面景物进行描写。）

4. 小结写作方法，配乐齐读。

5. 表达训练：雪下得真大啊！____________

（二）学习第3小节，感受“雪美”。

1. 配音乐，播放雪景图；引导学生说感受。（板书：美）

2. 理解“耀眼”、“分外”、“巍巍”，积累词语“银装素裹”。

3. 指导朗读。

4. 指导背诵第3小节，出示填空：

今天清早，雪______，天______。一轮红日______，______。茫茫田野______，巍巍群山______，好一派______，好一幅______。

【设计意图】 引导学生自主运用已学的不同的方法理解“纷纷扬扬、笼罩、白蒙蒙、分外、耀眼、巍巍”等词语，引导学生体会作者用词的精妙。在这个过程中，学生也对文章有了自己的见解，这种情感也会带入到朗读中，在读中更能感悟到作品语言内涵，从而自然而然地把作者的语言内化为自己的语言。之后，让学生学会围绕关键词，把文中的句子写具体，学生也能有话能说，有感而说。

四、提升审美，品味情韵

学习第4、5小节，感受“雪好”。

1. 文中是谁在“喜”？（老农、孩子们）

2. 小结描写人物高兴心情的写法，指导朗读第4、5小节。

3. 将第3小节、第5小节以诗歌形式呈现，配乐，师生合作读。

4. 结合板书，释疑课题，总结课文。

5. 配乐朗诵全文。

【设计意图】 通过品读具体描写人物言行、心理的语段,抓住那些看似普通的词句,来感受文中“老人和孩子们”的“喜”,并且通过带有动作的生动朗读使得学生深刻体会作者笔下的“喜”,而且是不同人表现的不同的“喜”。而后,通过把第 3、5 小节改成诗歌的形式,让学生品读优美的词句,配上音乐朗诵,学生的感情被带动起来,更是读出了文章的诗意和美感,也感受到了作者文字的情韵之美。接着,总结全文时,通过配乐朗诵,使得这篇如诗歌般的美文驻留孩子心间,自然成诵。

【思想穿行】 激情入情——初读悟情——品读含情——表达生情

情韵语文,既需要教师充分承担组织引导作用,又需要学生充分发挥主观能动性,在课堂体验中,感受语文的情韵美,故它也应该创建独特的教学模式:激趣入境——感悟阅读——自主表达——品味情韵。

1. 激趣入境,情感教学

“激趣入境,情感教学”指根据教学的需要,精心引导学生根据所要感悟的内容,提出问题,创设与教学内容相吻合的情境,在课堂初期就调动学生的情感体验,激发学生的求知欲,吸引他们来到语言的殿堂并且不断向前进。

2. 引导学生,感悟阅读

“引导学生,感悟阅读”指以学生为核心,在学生对文本感悟的基础上,让学生有所感有所思。所思所得是建立在对文本的熟悉和细细品读之上的,课堂上应该给予学生充分的时间来进行文章的阅读。当然,没有目的的阅读是无意义、无效的,要着重培养学生带着问题去阅读,而这些能帮助学生有效阅读的关键是教师引导学生的问题,这就是文章串在一起的线索,教师要紧紧把握住文章的关键问题,引导学生有效阅读,从阅读中提取关键信息,并且从中感悟作者的所思所想所悟,并通过朗读来表现出来。

3. 提炼文本，自主表达

“提炼文本，自主表达”指以课堂为策略，学生的学习应该是积极主动的，参与到学习和体验语言文字的过程，发展学生的主动探究能力，提高自我学习的能力。这个体悟、体验的过程要有深度和广度，为之后的表达做一个铺垫。学习的目的是为了用，新课标指出，语文是一门用于实践的过程，是表达的工具，应该让学生成为课堂的主人，在课堂上充分表达。但这种表达不应该是空谈，而是具有操作性、条理性的，所以之前对文本的解读感悟是很重要的，这样学生之后才会有感而发地表达，比空谈更具有目的性、明确性，这才是我们所要求的语文表达能力。

4. 提升审美，品味情韵

“提升审美，品味情韵”指在语文是工具应用的基础上，提升语言文字的魅力，感受文本自身的诗意，提高学生的对语文的兴致。语文不是单纯的工具性课堂，要具有蕴含着以人的发展为宗旨的教学观，同时，语文应该提升学生的文字审美能力，感悟生活审美能力，体会语言的情趣，学会发现语文的美，感受语文的美，传承语文的美。

【精彩瞬间】 让儿童品味文字的情趣

三年级第一学期《瑞雪》教学片断：

师：(出示图片)同学们瞧，红红的太阳升起来了，照耀在白茫茫的大地上，放射出万道金光，让人眼花。这就叫做——耀眼。谁来读一读这个句子？

生：一轮红日升起来，把雪后的大地照得分外耀眼。

师：你把“分”这个多音字的字音读准了，谁还想读？

生:一轮红日升起来,把雪后的大地照得分外耀眼。

师:你读得可真美呀!同学们看看,"分外"这个词语你们都重读了。你能用什么词儿替换掉它?

生:格外。

生:非常。

生:特别。

师:瞧,你们想的比老师还多。来,把这两个词语放到句子里面读一读。

生:一轮红日升起来,把雪后的大地照得格外耀眼。

生:一轮红日升起来,把雪后的大地照得十分耀眼。

师:对呀,这红日白雪是北国特有的美景,来请女同学一起美美地读一读。

女生:一轮红日升起来,把雪后的大地照得分外耀眼。

师:再让我们把目光投向远处,这次你又看到什么美景了?这番景象作者是怎样描写的?书上找找看,看谁动作快。

生:茫茫田野一片雪白,巍巍群山遍身银装。

(出示句子)

师:这里有一个生字念"巍",看它的部首是?

生:山字头。

师:这两幅图,哪一幅可以用"巍巍"来形容啊?

生:第一幅。

师:那你们觉得"巍巍"是什么意思呢?

生:形容山或建筑物非常高大或壮观的样子。

师:那让我们把"巍巍"放回句子中,谁来读出这壮观的句子来。你来!

生:茫茫田野一片雪白,巍巍群山遍身银装。

师:读得真有感情!那老师提个小建议!指导:如果你在读的时候把一片雪白、遍身银装读得慢一些,响一些,就更能把这壮丽雄伟的北国气势给表现出来。

男生：茫茫田野一片雪白，巍巍群山遍身银装。

师：真有气势呀，真不愧是壮丽雄伟的北国风光！

师：其实呀，这一派景象还可以用一个四字词语来形容？谁知道？提示一下，遍身银装。谁来说？

生：银装素裹。

师：你的知识真丰富！在这里银装素裹指的是，一起说——茫茫田野一片雪白，巍巍群山遍身银装。同学们你们看，作者写这几句话的时候有一个小秘密的，老师给你们一点小小的提示（语句竖排）。

生：我发现上下两句字数都是一样的。

师：你可真了不起。还有什么发现吗？

生：我发现它们的句式还是相同的。

师：是啊，你观察得很仔细，上下两句字数相同，句式还相似呢！真像是诗一般的语言啊！那让我们把第3小节用诗歌的形式呈现出来，你愿意和老师一起用朗读表现出雪后的美景吗？

（配乐，师生激情诵读）

今天清早，/
雪停了，
天也晴了。/
一轮红日升起来，/
把雪后的大地照得分外耀眼。
茫茫田野一片雪白，/
巍巍群山遍身银装，
好一派壮丽雄伟的北国风光，/
好一幅瑞雪丰年的喜人图画。

巧妙地改变文字的排列顺序,通过诗歌的形式呈现,再配上音乐诵读,让学生在视觉上体悟文字的情致魅力,在听觉上享受文字的节拍律动,在朗读中品味文字的动情诗韵。

(朱　娜)

试误教学：让错误发挥潜在的价值

数学是严谨的，数学学习中孩子做错题是一个普遍现象，错题教学成为常态教学的重要组成部分。试误来源于学习活动本身，是学生学习情况及学习思维的真实再现，是一种宝贵的生成性教学资源。我们善待这些“学习错误”资源，引导孩子从错误中比较、分析、争辩、反思，把错误化为一次新的学习契机，就可变“废”为“宝”，让错误发挥潜在的尚未发掘的价值。善待错误，巧抓意外，演绎别样精彩的数学课堂。

【灵魂渗香】 试误数学：让错误发挥潜在的价值
【课堂全景】 《商不变的性质》
【思想穿行】 分析整理——讨论深化——学会提升——迁移达成——反思优化
【精彩瞬间】 巧抓意外，演绎别样精彩的数学课堂

【灵魂渗香】 试误教学:让错误发挥潜在的价值

小学数学对于认知能力尚处于初级阶段的孩子来说,是非常重要的基础性教育课程,它对孩子形成基本的数学思维和个人逻辑起着重要的作用。而小学数学教学过程中常常出现的错题,往往使孩子害怕学习数学,使教师刻意回避错题。事实上,教师应该以十足的信心和积极的态度来对待错题,帮助孩子寻找错题的根源,而不是简单的对题目打下正误的符号。因为,错题常常是数学教学中被忽视的部分,教师更多地关注对题的多少,这是我们现在必须改革的地方。我们教师应该从错题根源出发,充分认识并发挥错题的教育价值。

一、善待错误

试误教学是指教师在教学实践中,批判地考察自我的主体行为表现及其行为依据,通过观察、回顾、诊断、自我监控等方式,或给予肯定、支持与强化,或给予否定、思索与修正,将“教学”与“错误”结合起来,从而努力提升教学实践的合理性,提高教学效能的过程。简言之,试误教学是以探究和解决教学问题为基本点,以追求教学实践合理性为动力,不断提高教师素养和教育教学效能的过程。

对待错误,许多教师视为洪水猛兽,唯恐避之不及;或“快刀斩乱麻”,以一个“错”字堵上学生的嘴,接二连三提问孩子,直至得出“正确答案”;或亲自“上阵”,把答案“双手奉上”,“不出错”成了师生们不懈地追求。试想,不拨“乱”反“正”,不让孩子经历实践获得真实体验,阻住孩子迈向“错”的脚步,也就阻断了他迈向成功的道路。我想起以前在听一节公开课的一个情景:一名女孩上黑板板演时做错了,老师很气愤地用红粉笔重重地划上一个“×”后，就急忙搜寻正确的答案去了。而这女孩子就红着脸、低着头、静静地坐在那里，直到下课没敢抬头，也没敢举手。这一幕深深地印在我的脑海里，让我联想到孩子拿到作业本后，发现本子的“×”后，又会怎么想，怎么做呢？也许一个重重的“×”，也会将她的心深深刺痛，使她对学习产生畏惧感……

教师要善于蹲下来看孩子，要承认孩子的个别差异，允许他们在学习上产生错误。当发生错误时，不应以一个“×”来对待，而应在错误的地方做个记号，比如画条横线，或打个小小的问号，也可以请孩子来，当面指出错误的地方，真诚地帮助他们寻找错误的原因，并加以引导，耐心地等待他们的觉悟。小心地呵护学生的情感，热情地鼓励他们树立学习的信心。总之，为了让不同的孩子在数学学习上得到不同的发展，教师要能接纳、宽容学生的错误，善于利用学生的错误，真诚地帮助学生改正错误，让每一位学生真正体验到学习成功的快乐。

我们在教学中这样告诉孩子：“课堂是你出错的地方，不管是多么简单幼稚的问题，只要你敢提出来，就是好样的！”，这是一张营造宽松气氛、构建良好师生关系的“保险单”。在课堂上提倡几个允许：错了允许重答、答得不完整允许再想、不同的意见允许争论。这张“保险单”使他们的自尊心得到了切实的保护，人格得到了充分的尊重。在这样的课堂上学生没有答错题被老师斥责的忧虑，更没有被同学耻笑的苦恼，他们在民主的气氛中学习，思维活跃，敢说、敢做、敢问，勇于大胆创新，以健康向上的情感态度投入学习。

二、活用错误

贝恩布里奇曾说过：“错误人皆有之，作为教师不利用是不可原谅的。”我们不仅要宽容错误，更要挖掘利用好孩子的错误资源，让孩子在纠正错误中开启智慧，迈入知识的殿堂。

1. 将错就错，让学生在情境中明理

我们在教了《千克和克》后，学生对"千克和克"已经有了初步的理解，并且建立了一定的表象，但在课堂作业中还是发现有一小部分孩子对于所学知识不能灵活运用，写单位名称时错误百出，让人哭笑不得。例如：小明重30克，一个铅球重4克，一只鸡重2 000千克，一头大象重3 000克，一辆汽车重1 000克……我们反复强调在填写单位名称时要先想想实际重量再填写，可有些孩子还是不假思索地填错了。我们决定将错就错，马上在班上把学生的作品合并成一段话讲给他们听："今天早上重30克的小明在草地上扔一个4克重的铅球。中午妈妈买了一只2 000千克的鸡，小明边吃鸡边看电视，电视里一头重3 000克的大象在表演节目……"学生一开始认真地听，渐渐地有孩子笑出了声音，等到全部念完，教室里已笑声一片。我们故作惊讶："你们笑什么呀？""2 000千克的鸡也太大了吧。""小明重30克都没有一个鸡蛋重！""3 000克的大象还叫大象吗？""那么重的鸡小明能吃得了吗？"有的孩子还边说边比划。教师接着问："那该怎么改？""我会我会！"几个学生把手举得高高的。教师有意识地请做错的同学回答。这回他们可认真了，仔细考虑才说出答案。最后总结道："看来，以后我们填单位名称可不能这样，不然就闹笑话了！"学生听了纷纷点头，各有所悟。

2. 顺错更错，让学生在求异中发展

孩子获取知识，本来就是在不断的探索中进行，在这过程中，孩子的思维方法各不相同，孩子的创新求异，难免伴随着错误。孩子不断"犯错"的过程，其实就是不断改正错误、完善方法的过程。

《24时计时法》教学中，有计算经历时间的问题："坐火车从北京到石家庄，下午2时40分从北京出发，17时45分到达，问从北京到石家庄要用多长时间？"学生提议"能不能用竖式求时间差？"我没有马上作答，而是引导大家来展开辨析。经过激烈的讨论、汇报、矫正，同学们得到了简单易行的用竖式求时间差的方法。我们不禁为孩子错题所带来的精彩解法而兴奋，孩子们脸上也洋溢着"首创"的喜悦。教学中如果出现看似"错误"的别出心裁的解法时，应给孩子充分的时间进行表述，及时组织孩子探究，让孩子认识问题的角度更全面、思维更深刻、知识结构更合理，同时让老师的教学机制、教学智慧、教学艺术都得到磨砺与发展。

因此，教师不能轻易否定学生的思维成果，即使是一些看似错误的回答，也可能蕴藏着创新的火花，教师要利用好这一资源，让孩子在纠正错误的过程中，自主地发现问题、解决问题，深化对知识的理解和掌握。

3. 抛题引错，让学生在反思中提高

教师人为地设置一些“陷阱”，甚至诱导学生“犯错”，再引导学生自我从错误的迷茫中走出来，能唤醒学生的质疑精神和探究欲望。

经验是一把“双刃剑”，成功因为经验，错误也可能因为经验。我们在教学中应适当地为学生创造一些机会，让学生认认真真地错一回，让学生在摔打中学会对数学问题作深入地思考，在反思中提高。

小学数学新课程标准中指出，要关注学生“是否能够使用数学语言有条理地表达自己的思考过程，是否理解别人的思路，并在与同伴的交流中获益，是否有反思自己思考过程的意识”。教师应鼓励学生对错误进行反思。发现错误，议错、辩错的全过程由学生亲自参与，经过大家的讨论、探索，必然会对自己的错误有着透明化的认知。教学中，我引导学生自编《错题集》，时时反思。让他们尽可能不在同一地方摔跟头。

三、评品错误

有效的数学学习来自孩子对数学活动的参与，而参与的程度与孩子学习时的情感因素密切相关，通过数学学习使孩子获得自信和更多的成功感，已成为教学目标极为关注的方面。而这一点在课堂教学中表现得严重不足，较多孩子遇到错误有“失败者”的心态。因此，教师应更多地关注孩子的情感体验，从课堂教学出发，正确引导对错误的分析评价，从错误中领略成功，实现孩子由“失败者”向成功者的转变。

“面对这些错误，你有什么感觉?”孩子们回答“害怕”、“讨厌”、“不喜欢”，显然他们是不自信的。老师应从孩子的心理因素入手，让孩子评析产生错误的原因。孩子各抒己见，并从书写习惯、数的感知及知识点的掌握等方面找到原因。对于错题的利用我们往往到此为止。怎样让更多的学生找到自信，体验成功？让孩子欣赏这些错误，找找其中的优点，使错误再次成为教学的亮点。如它们的运算顺序都对，有些分数、小数的互化也很正确。这时候再让孩子说说面对错题的感觉，他们不再那么讨厌、也不害怕了。数学讲评课始终围绕错误展开，时时关注孩子的心理变化，让孩子在纠错改错、评错赏错的过程中感受到学习的成功和快乐，这对学生来讲是一种可贵的成功体验。正如杜威所说："失败是有教导性的，真正懂得思考的人，从失败和成功中学得一样多！"孩子的这些对对错错，才能凸现他们的个性，让孩子的个性在课堂中飞扬，在生活中闪光！只有在"出错"、"纠错"的探究过程中，课堂才是活的，教学才是美的。教师要善于捕捉稍纵即逝的错误，活用"错误"，演绎精彩。善待错误，巧抓意外，演绎别样精彩的数学课堂。

苏霍姆林斯基说过："教育的技巧并不在于预见到课的所有细节，而在于根据当时的具体情况，巧妙的在孩子不知不觉中做到相应的变动。"如今的数学课堂教学，普遍存在这种现象：老师提出的问题，总希望孩子能围绕自己的思路来回答，得到课前预设好的答案。如果孩子的回答不是老师想要的答案，甚至出现错误，老师们都会把孩子拉到自己的思维圈中，不允许孩子出错，也不允许出现"另类"答案，把孩子死死地定格在老师预设的"小圈圈"中，使课堂教学看似顺利而流畅。然而，试想一下，孩子若不能从自己的感悟中发表自己的观点，甚至连出错的机会都不留给他们，又怎么能使他们获得解决问题的方法呢？不管课堂是怎么样的顺利、精彩，恐怕也是有形无实的教学。再好的教学设计，也不能保证每个孩子不会出错；再有经验的老师，也不能保证每个孩子的思维都不超越老师预设的思维轨道。因此，在教学中，我们要用平和的心态对待孩子的错误；要善于捕捉他们的闪光点，善待他们"意外"的发言，用我们灵动的智慧把"错误和意外"转化为教学资源，让课堂展现出别样的精彩。

【课堂全景】《商不变的性质》

教学目标：

1. 探索与发现商不变的规律，初步培养学生的数学应用意识，唤起学生学数学的兴趣。

2. 理解并掌握商不变的规律，利用商不变的规律，进行一些除法运算的简便运算。

教学过程：

一、分析整理

出示《猴王》故事，学生思考：每个猴子分到的桃子多了吗？你能列出算式吗？

$$8\div2=4\quad 80\div20=4\quad 800\div200=4\quad 8\,000\div2\,000=4$$

【设计意图】 通过故事激发学生学习兴趣，并为后面的探究做好铺垫。

二、讨论深化

1. 观察这四组算式后回答：后面的3个算式相对于第一个算式，什么发生了变化，而什么没有变？然后全班讨论，被除数和除数发生怎样的变化，商不变？

2. 引导学生分小组探究讨论：这四个算式中，后面的三个算式相对于第一个算式，从上往下观察，被除数和除数同时(乘以10、100、1 000)，商不变。

3. 学生小组讨论后以同桌为单位相互交流从下往上看，后面的三个算式的被除数和除数怎样变化，商不变。

4. 组织学生自己独立看下一组算式用规律推出结果，然后老师和学生一起用乘法验证结果是否正确。

5. 归纳板书并质疑和完成“0除外的”的范围界限。

6. 再次理解规律:你认为这段话哪些词是重点?

【设计意图】 如何从直观的 0 的多少的变化到同时乘以或除以相同的数之间的过渡很关键的,其实也是从直观到抽象的渐变。从直观现象中发现,同时乘以相同的数这个更本质的层面上。学生已初步感知商不变的规律。所以,以同桌为单位互相表述,符合学生认知程度。既是对规律的运用和扩散,也是对规律的验证。可以使学生的知识得到深化和运用,更渗透了对发现规律进行验证的这一数学思想。形成文字,完成归纳、抽象。强调在除法中,这三者缺一不可。

三、学会提升

1. 根据每组第一个算式的结果,直接写出第二、第三个算式的结果。

2. 我是小法官。

(1) $(48\times5)\div(12\times5)=4$ (　　)

(2) $(48\times3)\div(12\times4)=4$ (　　)

(3) $(48\div6)\div(12\times6)=4$ (　　)

(4) $(48-6)\div(12-6)=4$ (　　)

(5) $(48+6)\div(12+6)=4$ (　　)

3. 教师小结。

【设计意图】 对规律的顺向思维的理解,可以很好地让学生直接运用。通过判断,可以使学生更好地理解“同时、乘或除以、相同的”的意义,从反面认识商不变的规律,使认识更透彻,为以后的运用做好铺垫。

四、迁移达成

1. “试一试”计算题:$950\div50$。

2. “练一练”:铁丝有多长?

3. 观察与思考。

4. 小结。

【设计意图】 强调运用规律算法的书写格式。通过练习,使学生体会学习规律的实际意义和运用的方法。

【思想穿行】 分析整理——讨论深化——学会提升——迁移达成——反思优化

试误教学有它独特的教学模式：分析整理——讨论深化——学会提升——迁移达成——反思优化。

1. 分析整理

说错之思，暴露错误思路，就是让孩子针对自己的错题，独立说出当时解题的思维过程，从而暴露孩子的错误思路，以便让教师对症下药，使得讲评更具有针对性。

2. 讨论深化

说错之源，重构知识体系，就是让孩子在说出解题思路的基础上，引导孩子分析错误的根源。建构主义理论认为，学习的过程不是学习者被动地接受知识，而是积极、自主构建知识和能力的过程。因此，讲评时不仅要让孩子认识到错误的根源，更要引导他们主动去回顾题目所涉及的相关知识点。

3. 学会提升

说错之本，拓展能力空间。古语云："万变不离其宗"，所以说题不仅仅为了纠错，还要让孩子从错题中找出题目的本质。并且围绕本质，引发"一题多变"的教学，从而引导孩子把一些同质异构的题目进行归类，使他们能举一反三，提高解题应变能力，拓展能力空间。

4. 迁移达成

说错之惑，促进孩子的合作交流。让孩子针对错题，说出当时解题中所遇到的困惑，比如为什么要这样解？为什么我的方法不对？为什么用了不同的解法，结果却不一样？

5. 反思优化

说解之优，激发探究兴趣，就是让孩子说出相对较好的解法。讲评，作为教师不仅要帮助孩子改正错误，完成教学任务，还应该引导他们反思解法是否优化，是否有更好的解法。

【精彩瞬间】 巧抓意外，演绎别样精彩的数学课堂

四年级第二学期《商不变的性质》教学片段：

师：被除数变大（小），除数变大（小），商不变。真的是这样吗？

（同学们陷入了沉思，急性子的同学干脆拿笔算起来。不大的工夫，教室里已经乱了套。）

师：从另一个角度试验看看。

生 1：咦，怎么被除数和除数都同时加一个数，商就变了呢？

（受到了同学的启发，又一个组的同学做了“减去一个数”的验证）

生 2：我发现了被除数、除数同时减少，商也发生了变化。

生 3：加一个数，原数也变大，减一个数，原数就变小，可是商变了。

生 4：如果被除数乘以几，除数也乘以几，商不变，或者说被除数除以几，除数也除以几，商也不变。

师：你真棒，我欣赏你流利的表达，更佩服你的勇气，你敢于挑战对方提出不同的意见，很了不起。

师：乘以几用数学语言可以说成扩大几倍，除以几可以说成缩小几倍。谁能把同学们发现的这个规律再完整地叙述一遍？

生：在除法里，被除数扩大几倍，除数也扩大几倍，商不变；被除数缩小几倍，除数也缩小几倍,商也不变。

在大家不断地补充、修改、完善下,同学们自己得出了“除法里,被除数和除数同时扩大或缩小相同的倍数,商不变”的性质。

师:在大家发言的基础上,将板书逐步补充完整,由衷地赞叹道:孩子们,你们真了不起!通过观察、思考和讨论,发现了这样一条很重要的规律,这就是商不变的性质。

(老师在黑板上写下课题:商不变的性质)

师:这个性质对所有的除法算式都是用吗?你们有没有对其他算式行试验过呢?

(同学们心领神会,拿起笔,用不同的算式开始了验证。)

生:8÷4=2,16÷8=2,80÷40=2,800÷400=2 中也发现了相同的规律。以第1题为标准,后面3道题的被除数和除数分别扩大了2倍、10倍、100倍,商不变;以第4题为标准,前面3道题的被除数和除数分别缩小了10倍、50倍、100倍,商也没变。

生:老师,我有一个问题,12÷6也等于2,与8÷4=2这两道题之间符合这个规律吗?两道题的商没变,被除数和除数是怎么变化的呢?

师:谁来帮忙?

生:我觉得符合这个规律,被除数和除数都同时扩大了,只不过不是整数倍。

师:你能说是多少倍吗?

这个同学底气不足地说:是一倍半吗?

师:对了,就是一倍半。你真聪明,看出了被除数和除数同时扩大了1.5倍。这道题同样符合这个规律。今后的学习,我们还会接触到这个问题,到时就会更容易理解了。

教师蹲下身来看孩子,承认孩子的个别差异,允许孩子在学习上产生错误。试误能巧妙利用失败从而孕育成功。在孩子成长的过程中,会犯这样或那样的“错误”,其中蕴含的孩子的创新意识和创新能力也是一种教学价值。教师捕捉孩子的错误,反思自己的教法教学理念,从而使今后的教学更精彩。

(黄梅红)

第14堂课

做数学：用双手开启思维大门

为什么学生对数学不感兴趣？为什么有的孩子害怕学习数学？为什么我们的孩子会感到学不好数学？他们喜欢用怎样的方式学数学？学数学，并不等于就是去记数学、背数学、练数学、考数学，而更应该是“做数学”。“我听说了，就忘了；我看见了，就领会了；我做过了，就理解了”深刻地揭示了“探求的意义在于经历”。听过会忘，看能记住，做才能理解！

【灵魂渗香】 做数学：用双手开启思维大门

【课堂全景】 《三角形的分类(2)》

【思想穿行】 创设情境——实验探究——整理归纳——练习巩固

【精彩瞬间】 搭出来的数学智慧

【灵魂渗香】 做数学:用双手开启思维大门

做数学,主张让学生动手去“做”数学,教师负责设计动手做的任务单,学生自主动手进行探究,获得数学知识。《全日制义务教育教学课程标准(实验稿)》指出,数学教学是“要让学生经历将实际问题抽象成数学模型并进行解释与应用的过程”。而心理学家皮亚杰也说:“活动是认识的基础,智慧从动作开始。”听过会忘,而看能记住,做才能理解。俗话说:“眼过千遍,不如手过一遍。”因此,要让学生在做数学的过程中发现数学、了解数学、体验数学、掌握数学;在做数学的过程中认识数学的价值,了解数学的特性,总结数学的规律;在做数学的过程中学会用数学,发展自己的数学能力。这也就是我眼中有效的教学方法——做数学。

一、做数学:让孩子成为学习的主人,激发学习兴趣

“兴趣是最好的老师。”有了兴趣,孩子才愿意主动学习。《课程标准》指出:数学学习必须从学生生活情景和感兴趣的事物出发,为他们提供参与学习活动的机会,使他们感到数学就在身边,对数学产生亲切感。小学低年级学生,注意力集中的时间较短,若整堂课都是由教师单一的讲解,就会显得枯燥乏味,难以吸引学生的注意力。课堂上恰当地指导学生动手操作可以激发同学们的学习兴趣,活跃课堂气氛,加深对所学知识的理解和掌握,增强记忆。

例如,在教学三年级《谁围出的面积最大》时,可以设计如下的任务:用你手里的20根同样长度的小棒拼搭出正方形或长方形,并记录下每次的长宽以及它的周长和面积。在课堂引入阶段设计这样的环节,学生兴趣浓厚,争先恐后地投入到动手探究

中。最后，通过动手做数学而得出结论。在之后的练习中，孩子们就不会再对知识有疑问，而是能熟练地运用和解答。

这样进行教学，既体现了学生的主体地位，又自始至终使学生兴趣高涨，最大限度地调动了多种感官同时参与，师生乐在其中，对完成教学目标任务起到事半功倍的效果。同时，极大地激发了他们学习数学的兴趣，更多地发展了学生的数学潜能。

二、做数学：化抽象数字为形象思维，帮助建构知识

数学作为一门严谨的学科，有它一定的学科特性，对于儿童而言，它是抽象的，不易理解的。而动作操作实践是能力的源泉，思维的起点。它使抽象的东西具体形象化，把枯燥乏味的文字叙述变成有趣的、快乐的、带有思维形式的游戏，从而使学生在实践过程中逐步形成正确的心理活动，以达到知识的内化。所以，我们在平时教学中，要结合教学内容，精心设计操作活动，耐心引领学生在动手操作中感悟、思考，从而揭示规律、掌握知识。只有学生通过自己的亲身感受、自我探索获得的知识，才会根深蒂固地扎根在脑海中。

小学低年级的学生对数字的认识还处于感性认识阶段，对简单的加法或减法也不能理解，这时，教师可以利用小学生已经具备的数数的能力，运用数小圆片（或其他物品）的方法来进行教学。

在中年级进行分数教学时，教师也可以利用折纸的方法来加深学生对分数的理解。如讲 3/4 的意义时，可以让学生把一张方形纸对折两次，然后教师用提问的方式引导学生理解。这样做不仅简单、方便，学生能轻松地理解自然数、加法、减法、分数等的意义，而且还能避免因死记硬背而不能灵活地运用知识的弊端。因此，在数学教学中，教师要注重学生的动手操作，只有让他们在操作中自己去探索、发现，才能理解深刻，有利于掌握知识内在、本质的联系。

三、做数学：把数学问题生活化，提升解决问题能力

荷兰数学教育家弗兰登塔尔认为“数学来源于现实，也必须扎根现实，并且应用于现实”，而加强动手操作做做小“实验”是低年级学生获取知识、解决实际问题的一种方法。

新教材在这方面为学生提供了很多操作的机会。对于低年级的学生来说，秒是一个很抽象的时间单位，教师单一的讲解，无法使学生真正的领悟，动手操作、亲身体验是学习数学的重要方式。在认识时间这堂课教学中，我设计了丰富多彩的小“实验”活动，用拍手、跺脚、数数来感受1秒持续时间的长短，最后将知识与生活结合，让学生尝试一下在10秒内最多能写多少数字，通过在30秒内背乘法口诀、做口算题、写生字、读课文、跳绳等操作活动，让学生真切地感受“秒”这一概念。

在学生对“秒”这一概念有了一定掌握的基础上，让他们估一估从教室前面走到教室后面大约要用多少秒；猜一猜1秒钟内可以做一些什么事等等。在操作实践中应用所学的知识，培养学生解决问题的能力。

四、做数学：体验学习过程，提升数学思维品质

弗赖登塔尔指出：“学一个活动的最好方法是做。”建构主义学习理论也认为，学习不是一个被动的接受过程，而是一个主动的建构过程。当然，学习数学最好的方式是“做数学”。

在教师精心设计的动手做任务中，学生们可以用自己的方式策划与组织活动程序，学生们自己构造问题，提出问题。他们在各自已有的数学知识和经验、方法、观念的基础上，通过亲自动手操作实验、观察、记录、假设、交流、修正等，不断地更新信息，积累经验，再经过自身内化重组，主动地进行数学新知识的建构，这是一个提升数学思

维能力的过程，学生可以在做数学的过程中学会概括归纳的方法，进行不同思维火花的碰撞，让学生拥有创新思维等，而与此同时，也可以培养他们形成良好的学习态度，认真踏实，不断钻研。

如教学《轴对称图形》时，通过多种图形自己动手折一折的方法，让学生自己探究哪些图形可以对折得到对称的另一半，从而理解什么是对称。在动手做的过程，学生不断加强体会，提升思维品质！

【课堂全景】《三角形的分类(2)》

教学目标：

1. 用学具搭建各种各样的三角形，进一步认识三角形并会按边的长短对三角形进行分类。

2. 通过折叠，探索发现等腰三角形和等边三角形的部分特征并了解等腰三角形、等边三角形之间的关系。

教学过程：

一、创设情景

(出示三角形)这是什么？它是一个怎样的图形？你对三角形还知道些什么？

揭示课题：三角形的分类。

二、实验探究

认识等腰三角形、等边三角形。

(教师提供长度分别为 12 cm、10 cm、8 cm、6 cm 长的小棒若干根，相同颜色的小棒长度相同)

1. 师：每一组桌上都有许多小棒，仔细观察一下，你发现了什么？

（学生发现：相同颜色的小棒长度相同，不通颜色的小棒长度不同）

2. 师：你能用这些小棒搭一些形状不同的三角形吗？（小组操作搭三角形）

【设计意图】 学生已经对三角形有了初步的认识，二年级已学过三角形按角的大小分为：直角三角形、锐角三角形、钝角三角形。通过让学生用小棒拼搭三角形，使学生在操作中直观地感受到三角形是由三条线段围成的图形，感知有的图形三条线段一样长，有的图形两条线段一样长，有的图形三条线段都不一样长，为三角形按边分类作好铺垫。

3. 师：你能把搭的三角形分一分类吗？

（1）小组活动。

（2）汇报交流：你是怎么分的？

① 按角分类：锐角三角形、钝角三角形、直角三角形。

② 按边分类：

只有两条边一样长的三角形；

三条边一样长的三角形；

三条边都不一样长的三角形。

4. 课件演示：我们的三位好朋友也搭了许多三角形，你们愿意帮他们选一选吗？

小巧喜欢两条边一样长的：________________。

小亚喜欢三条边一样长的：________________。

小胖喜欢三条边都不一样长的：________________。

三、整理归纳

1. 揭示概念：

师：两条边相等的三角形，叫等腰三角形。

三条边都相等的三角形，叫等边三角形，也叫正三角形。

三条边都不相等的三角形，一般叫不等边三角形。

2. 小组内互说：你们搭的是什么三角形？

3. 探索等腰三角形和等边三角形之间的关系。

师：等腰三角形和等边三角形都是有特点的三角形，找一找这两种三角形之间有什么关系，观察三角形教具的变化。

小结：等边三角形是特殊的等腰三角形。根据三角形边的特征可以将三角形分成两类：一类是不等边三角形，另一类是等腰三角形，其中等边三角形是等腰三角形的一种特殊情况。

【设计意图】 通过等腰三角形教具的演示，让学生非常形象地理解等腰三角形、等边三角形之间的关系，对概念的认识得到了进一步深化。

四、练习巩固

1. 判断下面的三角形是什么三角形？（提供三角形纸片）

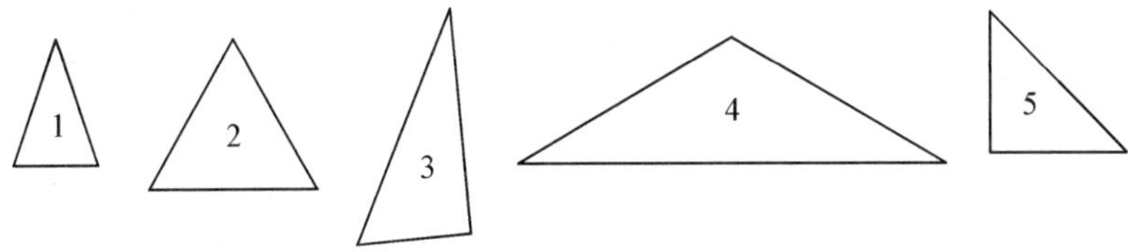

(1) 学生独立判断。

(2) 交流反馈。

等腰三角形：1、2、4、5，等边三角形：2，不等边三角形：3

(3) 你是怎样判断的？

【设计意图】 重在让学生表述思维过程，如：边的长短关系明显的可以目测，比较接近的通过量一量、折一折比较。

（学生准备等腰三角形、等边三角形、不等边三角形纸片各一张）

2. 师：折一折中，你们发现了什么？

学生交流：

等腰三角形有两条边可以完全叠合，两半图形完全重合。（折了一次）

等边三角形无论怎么对折，两半图形都重合。（折了三次）

不等边三角形无论怎样折，两半图形都不重合。

等腰三角形和等边三角形都是轴对称图形。不等边图形不是轴对称图形。

3. 等腰三角形、等边三角形有几条对称轴？试着在你的三角形上画出。

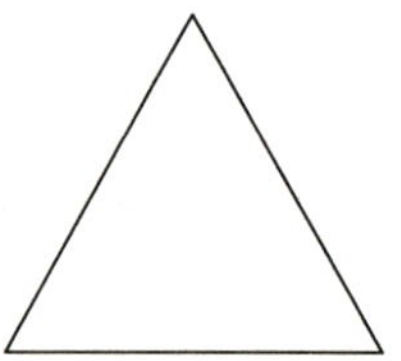

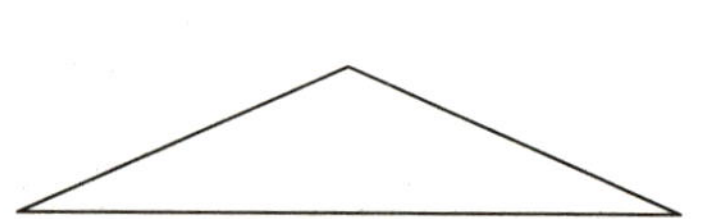

4. 小结：等腰三角形、等边三角形都是轴对称图形。等腰三角形有1条对称轴，等边三角形有3条对称轴。

【设计意图】 通过动手折一折、画一画，知道等腰三角形、等边三角形的对称性质。

五、总结

今天我们一起根据边的特点再一次认识了三角形，你还有什么疑问？

思想穿行：创设情境——实验探究——整理归纳——练习巩固

做数学旨在体现学生参与学习活动的主动性，以更科学的方法来学习数学知识，通过自身的体验，从做中学、学中思的过程来理解数学学习，形成良好的学习方式，促进学生学习能力的提高。

创设情境——实验探究——整理归纳——练习巩固的教学模式是指，教师通过创设情境让学生进行问题假设，并用实验进行验证，在教师的组织辅导、指导帮助下，学生对实验结果进行归纳整理，教师加以引导评价，最后将实验结论运用于实际问题。

1. 创设情境

教师在教学时要根据教学内容和学生的心理特点，遵循趣味性、针对性的原则，充分运用导入新课的各种方法，巧设诱因，促使学生产生强烈的求知欲望，引起学习兴趣，及早进入最佳的学习状态。

教师在创设了一种有利于激发学生学习兴趣的教学情境时，要着眼于点燃学生头脑中的智慧火花，让学生产生各式各样的好奇与疑问，提出自己急于想知道想解决的问题。

2. 实验探究

学生在教师提供的学习活动的背景下，产生疑问，进行大胆猜想假设，并自主或是在教师的帮助指导下设计解决问题的方案。为使学生顺利地进行实验操作，教师应当准备好学具或所需材料，提供实验任务单。活动方式可以是小组或小小组，也可以由学生自由组合等多种形式。学生在实验过程中，需记录好各项数据，观察实验结果，为得出结论做铺垫。

3. 整理归纳

学生通过动手操作实验活动，获得了丰富的感性认识，建立了清晰的表象，在此基础上，需要对一些有价值的信息加以整理归纳、分析判断、综合思考，推断出初步结论。而教师要善于引导跟进，对学生的结论进行评价。

4. 练习巩固

练习巩固是对实验所得结论的应用，也是加深学生对知识点掌握的必需环节。练习设计可以进行分层，有一定坡度，由易到难，给各层次的学生锻炼的机会，提高学生学习的信心。拓展延伸是在学生对结论有了良好掌握之后，对教材进行合理整合，在数学实践中创造性地对教材进行延伸拓展，从而让学生感受到数学知识间的连贯性和整体性，提高学生的高层次数学思维能力。

精彩瞬间：搭出来的数学智慧

三年级第一学期《三角形的分类(2)》教学片断：

(一) 认识等腰三角形、等边三角形

1. (教师提供长度分别为 12 cm、10 cm、8 cm、6 cm 长的小棒若干根，相同颜色的小棒长度相同)

师：小朋友们，老师今天为大家带来了很多小棒，我们要和它们来一起做游戏。你们准备好了么？

2. **师**：每一组桌上都有许多小棒，仔细观察一下，你发现了什么？

生：相同颜色的小棒长度相同，不同颜色的小棒长度不同。

3. **师**：搭建三角形的小棒就是三角形的边。那么我们搭一个三角形需要几根小棒呢？究竟三角形的边与分类有着怎样的关系的呢？带着这些问题我们一起动手动搭一搭三角形。比一比，看一看哪个小组搭出的三角形类型最多。

生 1：我用了三根颜色相同的小棒搭出了一个三角形。

生 2：我用两种颜色的小棒，两根红色一根白色的小棒搭出了这个三角形。

生 3：我用了三种颜色的小棒，一根红色、一根白色和一根黄色的小棒搭出了这个三角形。

4. **师**：你能把搭的三角形分一分类吗？

生：这几个三角形用的是相同颜色的小棒，它们的长度是一样的。

① 按角分类：锐角三角形、钝角三角形、直角三角形。

② 按边分类：

只有两条边一样长的三角形；

三条边一样长的三角形;

三条边都不一样长的三角形。

5. 课件演示:我们的三位好朋友也搭了许多三角形,你们愿意帮他们选一选吗?

小巧喜欢两条边一样长的:________________ 。

小亚喜欢三条边一样长的:________________。

小胖喜欢三条边都不一样长的:________________。

做数学旨在让学生自己动手探究实践获得新知,创建数学模型。教师将课堂充分地还给学生,真正让学生成为教学的主体,从观察小棒颜色,到自己选择小棒,最后用小棒搭建三角形,进行分类。通过这些过程,孩子们充分体验到了学习数学的乐趣。可见,数学知识是自己做出来的,而不是老师强行灌输的。自己搭出来的数学智慧,让孩子获益匪浅。

(张　洁)

活英语：课堂可以春暖花开

英语是活的，它可以像一股清泉流淌在学生的心中，让学生在学习语言、运用语言的同时体验情感；英语是美的，它可以像一朵花儿绽放在学生的心中，让学生在学习语言、运用语言的同时体验美感。英语的体验不仅隐含在话题、文本、图片中，还隐含在学习过程的推进中。透过语言的体验，你窥见的是春暖花开的美景。

【灵魂渗香】 活英语：课堂可以春暖花开

【课堂全景】 *An e-mail about Christmas*

【思想穿行】 巧妙导入——品读文本——读写迁移——灵活输出

【精彩瞬间】 让英语像花儿一样绽放

【灵魂渗香】 活英语：课堂可以春暖花开

语言是表情达意的工具。英语作为一种语言，不应该是刻板的、毫无生机的一潭死水，而应该是一股"活"泉流淌在学生们的心中。

传统的英语教学极其重视"听、说、读"的训练，却往往忽视了"写"的教学，或者说没有开始真正意义上的写作训练。我们的教师普遍进行一些相对独立的写作训练，大多采用仿写式写作训练模式，就是在指导学生进行一定口头训练后，根据教师所给的主要句型或者范文，引导学生进行模拟写作训练。这种比较孤立的写作训练往往不能培养学生的写作技能，反而造成学生害怕英语写作，不会英语写作，长期依赖教师的范文，使英语成了"死"英语。

《小学英语新课程标准》中把当前基础教育阶段英语课程的总体目标确定为培养学生的综合语言运用能力，写作是语言综合运用能力的表现，阅读也是培养学生英语应用能力的一种重要形式。因此，我们应该让写作走进阅读课的课堂，让阅读"牵手"写作，让写作作为阅读课的深化和拓展，让阅读教学与写作教学紧密地结合起来，通过"以读促写"、"以写促读"的方法，提高学生的语言综合运用能力，从而让学生具备活用英语的能力。

活英语，需要教师巧妙导入、正确引导、精心指导学生的阅读活动。以学生为主体，开展各种形式的阅读活动，如略读、精读、跳读、寻读和复读等，开展以阅读理解和阅读技能训练为主，以听说训练、语言表达训练和简单书面训练为辅的整体训练，各种训练形式互相交融，层层递进，使学生掌握谋篇布局的能力，灵活应用英语来进行写作，最终让英语"活"起来。

一、活英语：帮助孩子一生的阅读教学

有一位教育专家曾经说过：“有益的阅读会帮助孩子的一生。”也有一位英语教育专家说过，大量的英语阅读能让孩子们的英语水平有质的飞跃。而有效的阅读方法和阅读技巧能够帮助孩子们提高阅读速度和阅读的质量。

1. 导：阅读文本的巧妙导入

阅读文本的导入，实质上就是文本的最初呈现（Presentation），这是阅读教学的“序曲”。巧妙而恰当的导入能先声夺人，使学生在心理上和知识上做好学习上的必要准备，引导学生进入良好的学习状态，激发兴趣和求知欲，从而自然地过渡到新内容的教学。导入部分应力求做到新颖别致、简练到位。文本导入后，为了进一步让学生感知文本内容，还可以趁热打铁，在学生兴趣得到激发时，进行“读前活动”（Pre-reading activity），为正式阅读做准备（Preparation for reading）。目前，上海市小学正使用上海版牛津英语教材开展英语教学，针对小学英语教材课文类型较多的特点，我们采用灵活多样的导入方法，设计恰当精炼的导入语进行文本的导入。

（1）直观导入法。常用的直观教具大致有图片、幻灯片、简笔画、实物、多媒体等，教师可视具体情况灵活运用。

如 4A *I have a friend* 教师向学生展示了一幅幅漂亮的画面：

可展示如日历、美食、节日特色等图片,并像导游一样娓娓道来:“Now, what's the date? What festival is it? What can people do/eat at that festival?”学生自然道出了要学的阅读语境。

(2) 事件或故事导入法。“题材紧密联系现实生活”是新牛津英语教材的一个显著特点,教师可以从此入手,利用学生关心或熟悉的实例来导入文本,使学生产生亲切感和实用感。教师在教授 5B *Watch it grow* 这个语篇时,就可以从“*the growth of little tadpoles*”这个学生熟悉的话题导入“the growth of the butterfly”的阅读文本。

(3) 自由交谈或讨论导入法。这是一种最常见、最通用的方法,关键在于教师用简练的语言引出情境。教师利用新课开始前几分钟和学生进行自由交谈,或顺着 Daily Talk 进行交谈,不知不觉引入新课。这种方法过渡自然,能把学生从无意注意引向有意注意,加深对新课的印象。

如在 4A *Panda's glasses shop* 中,通过播放话录音的方式呈现人物介绍,学生通过听录音进行小组讨论、回答问题,初步了解阅读材料中的故事人物。

2. 读:阅读过程的正确引导

应用性阅读课教学的目的不是仅仅为了教授语法和词汇,而是为了培养阅读能力的同时为语言的综合运用打基础。我们应该通过阅读课的教学锻炼学生猎取信息的能力,使他们在书面交际中增强识记、理解词汇的能力,猜测、判断语义的能力,分析篇章结构的能力,从而掌握布局谋篇的方法。

(1) 浅层阅读,整体上了解课文大意和轮廓。采用泛读或略读(Extensive reading)的方式,引导学生快速通读全文,了解课文的大意和中心思想,让学生“见之森林”,知其概貌。泛读或略读就是让学生快速浏览全文,并通过标题和主题句,对文章的内容、结构和作者的写作意图形成整体印象。之后,教师可采用判断正误、排序和选择填空等形式的练习检测阅读效果,帮助学生捕获信息。

如在 5A *M3U3 Seeing a doctor* 中,教师在教授关于如何养成 good living habits 这一阅读材料时,引导学生关注相关关键词和主题句,让学生对阅读文本进行大概的浏览，以此初步归纳阅读材料的大意，了解这篇阅读文本的谋篇布局情况，从而培养学生归纳和概括信息的能力。

在引导学生对阅读文本进行粗略了解以及找出文章中相关关键词后，教师通过思维导图引导学生在相关的 survey 和 give suggestions 中进行阅读效果的检测。

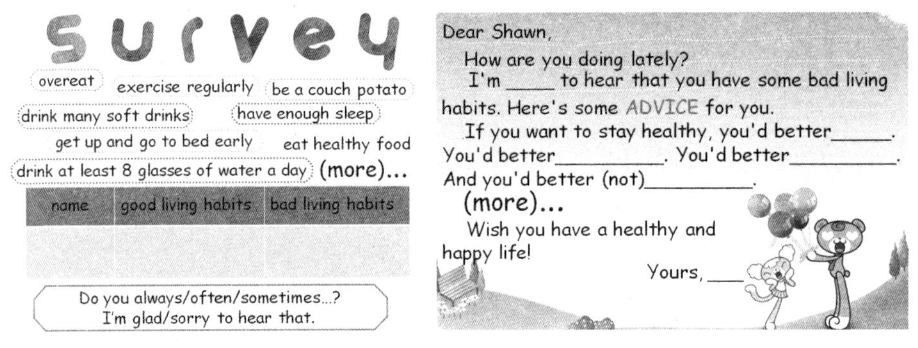

(2) 深层阅读，局部了解课文的主要情节和要点。采用精读或细读(Intensive reading)的方式引导学生仔细阅读课文，抓住情节掌握要点。在泛读或略读之后，学生已知晓文章大意，教师应指导他们运用已学的知识和已有的生活经验对文中信息进行逻辑推理和分析判断，帮助学生掌握文章的段落结构，分析各段之间的逻辑关系，帮助学生准确理解人物性格、事实原因、事物发展规律、作者的观点以及文章字里行间的深层含义。

如 4A *Teddy's friends* 一文的教学中，学生通过对阅读文本中的故事文本、儿歌文本和对话文本的演绎和讨论的深层阅读方式，在旧知帮助下，在讨论的过程中体验阅读文本中的新词语义，以阅读文本输入带动词、句的教学，在语篇中感知和理解词汇，通过不同的阅读理解方法自主探索语篇，感悟阅读材料的语意和语篇结构，使得学生对词汇的印象更深刻。

(3) 重复阅读，整体把握篇章结构和文章宗旨、内涵。这一步是引导学生复读(Re-reading)课文，让学生再从中心思想出发，高屋建瓴，整体把握篇章结构、文章内涵和作者观点，让学生重新系统地、深层次地理解课文。在应用性阅读教学中，教师应促使学生向立体思维发展，理清全文的内在联系，学生就不难透过读物掌握其"言外之意"，有利于培养写作能力。

如 4B *Barney's Weekends* 中，教师在对阅读文本进行粗略听读、在关键词索引和主要信息讨论等初步阅读指导后，对阅读材料进行全面展开再次深入阅读，在深入阅读中采用对 Barney 的 weekends 主题句进行排序，运用表格法进一步梳理 Barney 的 weekends 生活，使学生理清文章脉络，最后教师引导学生归纳出段落主题，帮助学生从单一的线性思维转向纵向立体的思维，彻底理清阅读文本的内在联系和阅读文本的脉络，同时掌握本阅读文本的"言外之意"——鼓励学生享受 different and colorful life。

3. 练：巧用文本，实现读写迁移

在写作训练初始阶段，学生常会有一种无从下笔的感觉，以阅读引路，可减轻学生对写作的畏惧及压力，慢慢找到写作的成就感从而爱上写作。在牛津教材中，有些阅读材料是以短文形式出现，长短、难易适中，只要加上题目，本身就是一篇篇写作范文了。在此基础上，可以让学生进行改人称、时态的练习，学生从不同形式加深对阅读材料的理解的同时，对篇章结构也有了深刻认识。

如有些阅读材料是以对话的形式出现，但只要学生为其稍加"变脸"——改为叙述性的短文，就是一篇不错的写作范文了。如学习了 5A *My dream job* 后，有学生把阅读材料中的对话文本改为：

Look! They are my aunt and uncle. My aunt is very beautiful. She's an actress on TV. Sometimes she works here in Beijing, but sometimes she works in Hong Kong. She goes to Hong Kong by plane. My uncle is a writer. He writes the TV show for my aunt. I love my aunt and my uncle.

这样的改写是学生创造性地输出语言的活动，是在学生正确理解对话的基础上锻炼学生写的能力，既可以检测学生对课文的理解程度，又可以培养学生的写作能力，真可谓一箭双雕！教师要充分发挥文本作用，加强对文本的诵读和解析，让学生感悟阅读内容，学习作者遣词造句、布局谋篇的方法和技巧。同时，抓住阅读文本的重点句型，让学生改写，让阅读成为学生写作的"指路明灯"。这有助于学生复习巩固所学知识，培养学生对所学知识的迁移运用能力，提高学生的书面表达能力。

二、活英语：提升学生活用英语的能力

1. 以阅读文本为载体，以仿写方式促进学生活用英语

做一切事情首先是从模仿开始的。仿写课文或课文重点段落，不失为练习写作的好方法。阅读的整个过程，也就是模拟写作的过程。在阅读课堂上学生要诠释出写作者发送出来的各种信息，达到交际的目的，就得参与到写作者的角色里去，把阅读材料当作全面了解写作者的范文，领悟写作者在范文中采用的各种写作手法和表达技巧。然后在多种形式的语言实践活动中，采用写提纲、改写范文、模仿范文等方式，进行写作训练，反复借鉴、模仿写作者的写作手法和表达技巧。在反复的实际运用中，熟能生巧，形成学生自己的写作技能，为进一步的独立写作创造条件。

我在教授5B教材中的*Life In the Future*一课时，首先要求学生理解课文的脉络，这篇文章它的标题性非常强，各个标题就是段落的中心思想，而且在各个标题下，它的中心句、主题句非常突出，在我讲清了这类文章的阅读方法后，学生读懂它就非常

容易了。于是，我要求学生仿写一篇同名的作文“My Life in the Future”，参照文章的段落标题、主题句和中心句。同样，我在教授5B中的*Typhoon*一课时，要求学生根据自己的理解写出课文的结尾，即台风过后，小镇发生了什么？这不仅达到了课文本身的要求，也很好地完成了教学任务，同时也锻炼了学生的想象力和模仿写作能力。

2. 以阅读文本为载体，以阶梯式训练指导学生写作

在阅读教学中开展写作训练，仿写、填充式写作、看提示写作、话题写作是写作的几个由低到高的训练阶段。学生进入高段学习英语，如果一下子就要求学生写出一小段或一大段文字，那是很困难的。我们在进行写作训练时，应该根据学生的实际情况，对不同的学习对象运用不同的训练方式。如在5A *I have a dream*教学中，教师在post-task中要求学生在学习阅读文本后，完成填充式写作训练。填充式写作是保留文章的主干，将一些关键词或词组挖空，让学生联系上下文的内容填空。五年级的学生知识面较低窄，语法知识不是很扎实，篇章意识不强。在阅读教学时，我们可以用这种填充式写作练习来加深学生对阅读文本的理解，以此作为阅读和写作相结合的一种训练方式。

在训练中要挑选有关日常生活中发生的事、他们感兴趣的阅读文本作为写作训练的载体，让他们有话可写。在课堂拿出5—8分钟的时间进行写作活动，采用组词、造句、填空、改错或扩展句子、完成句子，写对话、短文、小故事，写提纲、写文章大意、写段落等方式以单人、双人或小组活动的形式展开。小学生的英语词汇量有限，水平不高，可以鼓励学生两人或多人先讨论，作好记录，然后大家分头再写，写好后相互交换阅读，并修改指正。

3. 以阅读文本为载体，创设生动有趣的写作情景

《义务教育英语课程标准》指出：“英语教学要做到听说读写的训练内容和形式尽可能地贴近学生的实际生活，贴近真实的交际行为，贴近有目的的综合运用英语的活动。”那么在写作教学中，我们要通过创设生动有趣的情景，让学生在快乐的氛围里学习写作。因此，教师在布置英语写作任务的时候，选择一些学生比较感兴趣又比较贴

近他们生活的内容，这样学生比较容易难受。教师要尽量做到情景的趣味化、直观化、生活化，可以利用插图、简笔画和卡片创造情境；小学生思维活跃，想象丰富，我们在阅读写作前要给孩子创设能拓展他们想象力的语境来激发学生写出多种多样、丰富饱满的英语作文；学生通常喜欢谈论真实事例，教师可以设计贴近学生生活的活动场景。

在阅读写作教学中，通过创设真实生动的情景，不仅能够营造氛围和意境，激发学生的学习热情，而且会使写作教学在科学而正确的方向上前进。

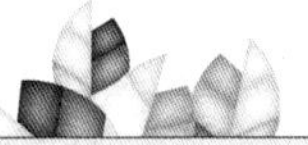

【课堂全景】 An e-mail about Christmas

教学目标：

1. 学生能在阅读文本中感知并理解掌握有关圣诞节的单词、词组和句子。

2. 在圣诞节的语境中运用“Christmas is ________.”“We ________ at Christmas.”等句式来描述圣诞节期间的活动。知道 e-mail 的书写格式，会正确书写 e-mail，能用 e-mail 与人交流沟通。

教学过程：

一、创设语境，巧妙导入

Pre-task

1. To show the pre-reading passage about Christmas.

[导入文本 1]

Christmas is so beautiful.

We can see Christmas trees.

They are bright.

We can see Christmas cards.

They're colourful.

Sometimes we can see snow.

It's white.

Christmas is beautiful.

I like Christmas.

[导入文本2]

Christmas is so beautiful.

We can see Christmas trees.

They are bright.

We can see Christmas cards.

They're colourful.

Sometimes we can see snow.

It's white.

Christmas is beautiful.

I like Christmas.

【设计意图】 本节课教师要引导学生通过阅读文本的学习，掌握e-mail的书写。教师设计这节课的目标是要求学生写一封e-mail，正好恰逢圣诞节来临，因此教师创设了在圣诞节写一封e-mail的语境，创设有趣又贴近学生生活的语境，同时提供学生一些有关圣诞节的辅助阅读材料。巧妙而恰当的导入能先声夺人，使学生在心理上和知识上做好学习上的必要准备，引导学生进入良好的学习状态，激发兴趣和求知欲，从而自然地过渡到新内容的教学。为了进一步让学生感知文本内容，还可以趁热打铁，在学生兴趣得到激发时，进行"读前活动"，为正式阅读做准备。

二、品读文本，感悟体验

While-task：(part one)

Read the e-mail, then fill in the blanks.

To know the content of the e-mail.

Read the e-mail again. Answer the questions.

What do they often do?

They often ________.

Summary：Christmas in Australia

Read the e-mail again.

Describe 'Christmas in China'.

【设计意图】 教师在对阅读文本进行粗略听读、在关键词索引和主要信息讨论等初步阅读指导后，对阅读材料进行全面展开再次深入阅读，在深入阅读中采用对 e-mail 的关键信息进行了梳理，使学生理清文章脉络，初步了解 e-mail 的框架结构。最后教师引导学生归纳出段落主题，帮助学生从单一的线性思维转向纵向立体的思维，彻底理清阅读文本的内在联系和阅读文本的脉络，从而掌握布局谋篇的方法。

三、练习实践，读写迁移

While-task：(part two)

T：In Australia，people have a lot of fun at Christmas. In China，we also like this festival. Listen，what do we do at Christmas?

Listen to the passage

T：What do we do at Christmas in China?

Listen and tick.

Read the rhyme.

Discuss how to show love to others and fill in the card of showing love.

【设计意图】 教师通过对阅读材料进行不同形式的“变脸”，使学生对篇章结构有了深刻的认识，为学生独立写作打下了良好的基础。教师充分发挥文本作用，加强对文本的诵读和解析，让学生感悟阅读内容，学习作者遣词造句、布局谋篇的方法和技巧。同时，抓住阅读文本的重点句型，让学生改写，让阅读成为学生写作的“指路明灯”。这有助于学生复习巩固所学知识，培养学生对所学知识的迁移运用能力，提高学生的书面表达能力。

四、延伸运用，灵活输出

Post-task：

Show the passage.

T：The same festival，but in different countries with different weather and activities.

Try to catch the words and read the passage.

Read the passage together.

Read the passage in another different way.

Write an e-mail to Amy.

Read the e-mail to the whole class.

【设计意图】 教师在post-task中要求学生在学习阅读文本后，完成填充式写作训练。填充式写作是保留文章的主干，将一些关键词或词组挖空，让学生联系上下文的内容填空。五年级的学生知识面较低窄，语法知识不是很扎实，篇章意识不强。给自己的朋友写一封e-mail，巩固所学知识。这种阶梯式的写作训练方式可以逐步使学生在学习完*An e-mail about Christmas*这一阅读材料后，能够运用阅读中所学语言完成独立写作任务，从而达到了“以读促写”、“以写促读”的目的，揭示主题，升华情感。

【思想穿行】 巧妙导入——品读文本——读写迁移——活用输出

“活英语”教学主张要求英语教学中兼顾语篇的整体教学和语言点的操练，因此，“活英语”主张采用巧妙导入——品读文本——读写迁移——活用输出，使学生在语篇学习中感知和理解语言点，同时能利用语境操练语言点，从而促进学生运用语言进行相关写作训练。学生通过写作加深对所读文章内容的理解，拓展思维空间，提高语言的综合运用能力，形成阅读与写作的一种良性循环。

1. 创设语境，巧妙导入。教师巧妙导入、正确引导、精心指导学生的阅读活动。阅读文本的导入，实质上就是文本的最初呈现（Presentation），这是阅读教学的“序曲”。巧妙而恰当的导入能先声夺人，使学生在心理上和知识上做好学习上的必要准备，引导学生进入良好的学习状态，激发兴趣和求知欲，从而自然地过渡到新内容的教学。

2. 品读文本，感悟体验。以学生为主体，开展各种形式的阅读活动，如略读、精读、跳读、寻读和复读等。通过文本的品读锻炼学生猎取信息的能力，利用浅层和深层阅读使他们在书面交际中增强识记、理解词汇的能力，猜测、判断语义的能力，分析篇章结构的能力，从而掌握写作布局谋篇的方法。

3. 练习实践，读写迁移。以阅读理解和阅读技能训练为主，以听说训练、语言表达训练和简单书面训练为辅的整体训练，各种训练形式互相交融，层层递进。教师要充分发挥文本作用，加强对文本的诵读和解析，让学生感悟阅读内容，学习作者遣词造句、布局谋篇的方法和技巧，抓住阅读文本的重点句型，让学生改写，让阅读成为学生写作的“指路明灯”。这有助于学生复习巩固所学知识，培养学生对所学知识的迁移运用能力，提高学生的书面表达能力。

4. 延伸运用，灵活输出。在交流中运用目标语言，在应用性阅读教学中则体现在读后环节的写作训练活动中。在对学生进行写作训练时，应该根据学生的实际情况，对不同的学习对象运用不同的训练方式，学生通过写作加深对所读文章内容的理解，拓展思维空间，提高语言的灵活运用能力，形成阅读与写作的一种良性循环。让阅读“牵手”写作，是语言学习从语言输入到语言输出的一个质的转变，实现了英语阅读与写作之间的高效整合。

【精彩瞬间】 让英语像花儿一样绽放

四年级第一学期 *An e-mail about Christmas* 的教学片段：

T：At Christmas，Jill receives an e-mail.

Students read the e-mail，then fill in the blanks.

Students know the content of the e-mail.

T：Who writes this e-mail，and who gets this e-mail?

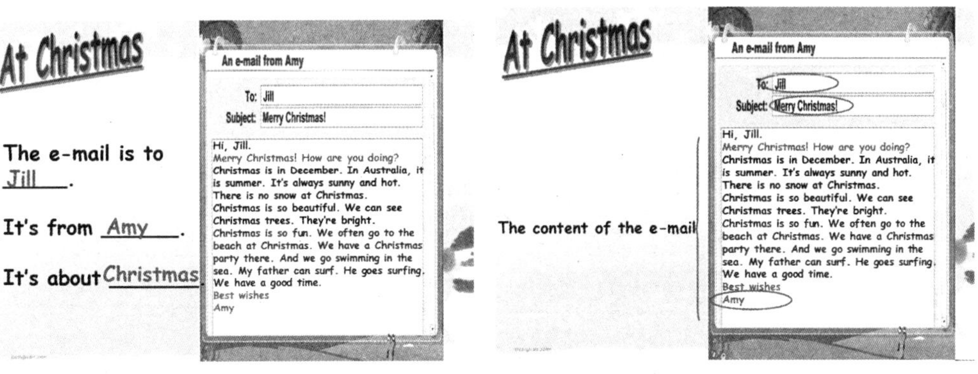

T：Read the e-mail again. Answer the questions.

T：People in Australia always have a Christmas party at Christmas. Now they are singing to celebrate this festival.

T：What do they often do?

S：They often ________.

T：Read the e-mail again.

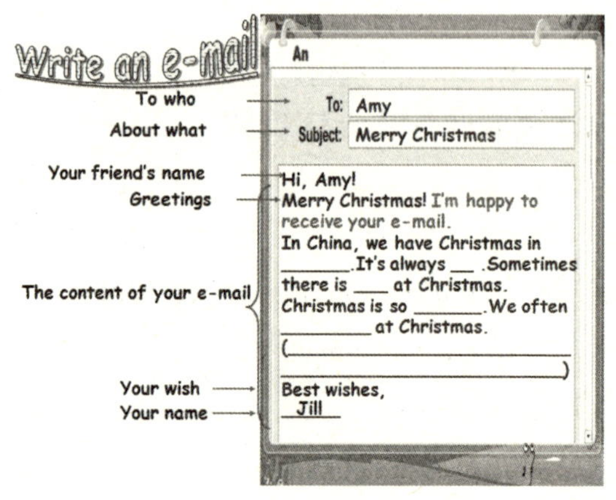

S: Describe “Christmas in China”.

语言是表情达意的工具，英语作为一种语言，应该是一股“活”泉流淌在学生们的心中。学生在语篇学习中感知和理解语言点，同时能利用语境操练语言点，从而促进学生运用语言进行相关写作训练。通过写作，使学生加深对所读文章内容的理解，拓展思维空间，提高语言的灵活运用能力，形成阅读与写作的一种良性循环。英语课堂不该是一潭死水，而应该是鲜活的、春暖花开的。“活英语”让英语这朵花绽放在学生心中，它将英语的体验隐含在话题中，隐含在文本中，隐含在图片中，还隐含在学习过程的推进中，能让学生发展阅读策略的同时扎实掌握语言点，丰富阅读技巧的同时促进学生在写作训练时游刃有余，有话可写，最终提高听、说、读、写的能力，以此达到“润物无声”的效果。

（张晓燕）

智慧语文：让思维的火花点亮课堂

有人说："真正的学校，应该是一个思维的王国。"语文课堂也应该是一个思维的王国，无论它是"沸沸扬扬"抑或是"波澜不惊"，只有当我们用语言的钥匙开启学生思维的大门时，智慧的阳光才会照进语文的课堂，让我们的课堂温暖如春。

【灵魂渗香】 智慧语文：让思维的火花点亮课堂

【课堂全景】 《智烧敌舰》

【思想穿行】 初读启智——品读悟智——释疑得智——表达生智

【精彩瞬间】 激烈的争论，迸发智慧的火花

【灵魂渗香】 智慧语文:让思维的火花点亮课堂

《上海市中小学生学业质量绿色指标》指出:在考查学生学业水平指数时,要“在关注学生标准达成度的同时,也要关注学生的高层次思维能力。高层次思维能力主要包括知识迁移能力,预测、观察和解释能力,推理能力,问题解决能力,批判性思维和创造性思维能力等。”我们不能片面地认为培养学生高层次思维能力是数学老师的责任,在语文课堂中,教师也应该关注学生的语言思维品质,提高学生高层次思维能力。智慧语文是通过改进教师的教学过程,改变学生的语文学习方式,引导学生学会潜心思考、大胆质疑,在合作学习中各抒己见,充分发挥学生的想象力,进行创造性的表达,从而激活学生的表达潜力和思维活力,使学生的知识迁移的能力、解释能力、语言思维品质等得到充分发展。

一、潜心思考,大胆质疑

古人云:“学起于思,思源于疑。”任何思都是从疑开始的,疑问是获得知识的前提条件,有了疑问,才有进一步深入学习的需要,也才可能获得新知。小学阶段是学生好奇心最旺盛的时候,在课堂教学时,教师要以学生为本,尊重学生的好奇心,鼓励他们勤思考、勤发问。

1. *充分阅读,进行深入思考*

由于课文内容和课时的局限,教师有时会为了完成教案中既定的内容而无意识地剥夺学生阅读和思考的时间。没有充分地阅读就不会有自己的思考,学生就像一个牵线木偶,机械地跟着教师的思路走,这样的教学依然改变不了灌输的本质。我所崇尚的教学应该是学生自读自得的，教师要舍得把时间留给学生，让学生按照自己的节奏充分地阅读，直到最后一名学生完成阅读。文本内容的消化需要过程，思考内容的输出也需要过程。因此，在学生阅读过后，教师不必急着反馈，而要给学生一个安静的氛围让学生潜心思考，思考自己读懂了什么，有什么不明白的地方，这就是思维的过程。

2. 引导质疑，展开问题教学

学习是引导学生发现问题、解决问题的过程。因此，教师作为这个过程的组织者、合作者和引导者，更应为学生去发现问题提供民主宽松的氛围，始终树立师生平等的观念，鼓励学生有疑就问，围绕学生存在的问题展开教学，与学生一起理清问题、解决问题，激发学生思考，让学生在课上学有所得。

二、共同探讨，思维碰撞

要提高学生的语言思维品质，就必须让学生“动”起来。学生只有积极地在课堂上进行多方面的探究，他们的思维能力和创新意识才能得到发展。

1. 合作学习，共同探讨问题

每一个学生都是学习的主体，而学生之间存在不同的个体差异，面对同样的问题，他们会出现不同的思维方式，产生不一样的看法。因此，语文课堂要广泛采用合作学习的方式，通过合作学习，给学生提供更多讨论交流的机会，在互动、互助的过程中，他们的思维方式才会不断完善。

例如：在教学《小花鹿卖空气》时，我设计了“我是小医生”的环节，请学生们当当小医生给小花鹿诊病。课堂气氛一下子活跃起来了，几个思维敏捷的孩子不假思索地举手回答：“小花鹿得的是空气污染过敏症！”我立刻表扬：“回答得真好，可是医生诊断病情要有理有据，你是根据什么来判断病情的？得了这种病该怎么办？4 人小组讨论一下，结合学习单上的提示，试着给小花鹿写开张病历卡。”这时，学生们看着学习单上的病历卡议论开了：“住址？病历卡还要写小花鹿的住址？课文里没有写呀！”“不对，课文里写了小花鹿是从偏僻的深山到繁华的城市。”“那到底写哪个住址?”“症状是不是嗓子干干的,鼻子痒痒的?”“处方是什么?”……学生们你一言我一语地讨论着这张病历卡,在这个过程中,大家相互启发,根据习得的课文内容不断地完善病历卡,也在潜移默化中借鉴别人的思维方式。

2. 各抒己见,闪现思维火花

学生的思维发展在很大程度上来自同伴的启示。相对于教师,他们更容易接受和理解同伴的想法和语言。因此,在课上我们要多发动学生就一些问题进行自主性的发言,让学生敢于在课堂上发表自己的意见。我们在提出问题的同时,尽量不去设定太多框架,让学生有空间有时间去思考,并且最好能出现触类旁通的不同思维火花。

在教学《秘密》时,我设计了一个开放问题:“莱伊恩既然要恪守自己的原则:只用一根柱子就能支撑起天花板,那他为什么还要增加四根柱子装装样子?”面对这个问题,学生们经过思考,给出了不同的想法,有人认为这是莱伊恩向权威人士屈服的表现,他害怕受到责罚;也有人认为莱伊恩用自己的智慧既坚持了原则,又避免了和权威人士的冲突。讨论到这里,我十分好奇学生们的想法,便问道:“在莱伊恩和权威人士之间,你们更支持谁的想法?”围绕着这个问题,学生们展开了一场激烈的辩论赛,支持莱伊恩的学生认为:用一根柱子支撑天花板的想法是莱伊恩建立在工程力学和多年实践的基础上,是有科学依据的,而且经过三百多年时间的考验,也证明了莱伊恩的想法是正确的。而另一部分学生则认为:虽然莱伊恩的想法有一定科学依据,但是市政大厅是一个公共场所,万一坍塌会酿成大祸,应该按照权威人士的建议多加些柱子确保安全,而不能用千万人的生命冒险。学生们各抒己见,不断地寻找课文中、生活中的理据来证明自己的观点,这样意外的收获让我欣喜不已。

三、启发想象,关注表达

在课堂上,教师不但要关注学生之间的学习与合作,更应该意识到自己的引导作用，把自身作为一个“启瓶器”，启发学生的想象，在规范学生表达的同时，关注其自身的表达与思想。

1. 创设情境，启发学生思想

如何做好一个“启瓶器”？在教学过程中，最常见的就是创设情景，激发学生的想象力和思维活力。对于不同的课文，结合学习重难点，教师可以创设不同的情境启发学生深入地体会文字所要表达的含义或情感，如：诗歌般优美惆怅的文字可以配上音乐让学生吟诵体会；写人的文字可以让学生代入情景演绎体会等，当然也可以通过图片、视频等引导学生进入课文情境。但我们必须注意的是：教师在创设情景时可能带着自己的理解和思考，这时创设的情境会有一定的局限性，或者说会在不知不觉中设定很多框架，让学生的思想没有足够的延伸与拓展空间。所以，教师在创设情境的时候，要有意识地减少条条框框对学生的约束，给学生足够的思维空间。

2. 模仿课文，提高表达能力

小学生的思维有非常好的延展性，他们可以天马行空地想象，充满了创造性，这对于教师而言是弥足珍贵的。但他们在把自己的想法表达出来的过程中，还存在一定的困难，可能无法组织好语言，可能词不达意等，当然，这些并非是一朝一夕能解决的问题，我们可以指导学生从简单的模仿表达学起，在课堂上多给学生提供机会，关注表达，耐心引导，使学生逐渐提高语言思维能力。

记得我上《你像一个巨人》时，让学生们在诵读的基础上，发挥想象，小昆虫们还可能在草坪上干什么？并模仿课文“他们也许正在举行婚礼，蚱蜢跳舞，蟋蟀弹琴。”来说一说。这不仅调动了孩子们已有的生活经验，将自己以往快乐的感受代入文本中体会，而且能进一步规范他们的表达，从模仿开始一步一步提高他们的表达能力。

总而言之，在语文课堂上，老师要千方百计地培养学生学习语文的积极性，多方引导学生参与获取知识的思维过程，鼓励学生通过语言文字的学习，提高自身的语言表达和语言思维能力，从而促进学生智能的发展，有效地提高教学质量。

【课堂全景】《智烧敌舰》

教学目标：

1. 学习本课9个生字，用不同方法理解“乘虚而入、惊慌失措、欣喜若狂”等词语，抓住课题中“智”的意思，继续学习质疑，并学会解决问题。

2. 默读课文重点段落，抓住关键词语，了解阿基米德指挥希腊人民用镜子反射太阳光烧毁罗马战舰的过程，感受阿基米德的大智大勇，懂得“知识就是力量”的道理。

教学过程：

一、初读启智

1. 情境导入，揭示课题。齐读课题。

2. 抓关键字理解课题。

(1) 智：智慧。用一句话说说智烧敌舰的意思。

(2) 师：读了课题你有什么疑问？

3. 补充资料：了解阿基米德。

4. 轻声读课文，用上“乘虚而入、惊惶失措、焦头烂额、欣喜若狂”说说课文主要内容。

(1) 字词反馈。

(2) 交流课文主要内容。

二、品读悟智

1. 理解：乘虚而入。

师：那文中希腊的空虚体现在哪？默读第2小节，用横线划出有关的句子。

出示：希腊这个国家很小，许多年轻力壮的男人牺牲了，留下的尽是老人、妇女和孩子。

2. 当时的情况又是怎么样？

(1) 师：你从哪些话中可以看出当时的情况紧急？快速读读课文第 3 小节，划出有关句子。

(2) 师：句子中哪些词语让你感觉当时的情况非常危急？圈出来想想找出的理由是什么？

随机出示：

罗马帝国的军舰一艘接一艘，越来越近，不一会儿，连军舰上手拿闪亮战刀的士兵也看得清了。

眼看驶在最前面的一艘敌舰就要靠岸了，大家急得惊惶失措。

3. 抓关键字理解：惊惶失措。措：办法、安排、处理。

4. 想象说话：惊慌失措的希腊人们会有怎样的表现呢？

出示：大家急得惊惶失措：老人________(动作)，喃喃祷告："________"；妇女________(神情)说："________"；孩子们________。

【设计意图】 创设情境，抓住"惊惶失措"一词，打开学生思维，使他们充分发挥想象力，融入文本，调动学生已有的词句积累，具有创造性地补充文本的空白点。但由于三年级学生语言表达还并不十分规范，因此提供支架，帮助学生规范表达，这样拓展了学生的想象思维，又使学生的表达更加规范。

5. 指导朗读。

6. 当人们惊惶失措时，阿基米德是怎么说的？怎么做的？默读课文 4、5、6 小节，曲线划出句子。

出示：

(1)"不要慌，不要慌！"忽然有个人大声喊叫起来。(大家很慌乱，喊声应该大一些)

(2) 阿基米德跳到一块高高的石头上，睁大眼睛对大家说："快回家去，把你们家里的镜子全拿来。快，快！"(连用了三个"快"，表示情况紧急)

(3) 这时候，太阳高高地挂在天空，阿基米德就指挥大家一字儿排开，拿起镜子把反射的阳光集中对准第一艘军舰的布帆。

(4) 阿基米德又指挥大家用镜子把反射的阳光对准第二艘军舰。

(板书：指挥　智烧)

【设计意图】 引导学生抓住阿基米德的动作，如："大声喊叫"、"跳到一块高高的石头上"、"指挥"等词品悟在危急情况下阿基米德的思维周密，表现镇定；反复指导朗读阿基米德的话语来使学生感受阿基米德的智慧。

7. 在阿基米德的指挥下，那罗马帝国的敌舰怎么样了？文中怎么描写的？

出示：也真奇怪，那布帆"轰"的一下起火了，风助火势，越烧越旺，顷刻间，大火包围了军舰。被烧得焦头烂额的罗马士兵狂呼乱叫，纷纷跳水逃命。

三、释疑得智

1. 希腊人们在阿基米德的指挥下胜利了，站在岸上的希腊百姓欣喜若狂。

(1) 理解：欣喜若狂。

(2) 指导朗读：胜利了！海岸上的希腊人欣喜若狂，围着阿基米德欢呼起来："阿基米德真有本事！真了不起！"

2. 引读：可是，阿基米德却笑眯眯地说——(指名读第8小节的句子)

出示："我有什么本事？是太阳帮了咱们的忙……"

师：你同意阿基米德的说法吗？说说你的观点。

3. 智烧敌舰这个方法可实施的关键因素是什么？前后四人小组讨论。

交流出示：

(1) 阿基米德的智慧。

(2) 太阳当空——热源。

(3) 布帆、船是木制的——易燃。

(4) 风大——风助火势。

(5) 人多——人多，镜子多。

(6) 一字排开——使阳光反射并聚焦。

(7) 敌舰越来越近——距离近。

【设计意图】 智烧敌舰的方法之所以成功既有主观因素，也有客观因素。学生在掌握反射原理的基础上，回过头读课文，思考讨论哪些是智烧敌舰成功的必要条件，在四人小组合作交流中，产生了思维碰撞，大家不断完善自己的思维，努力挖掘文本中的细节，从细节之处体会阿基米德观察、思考、判断的严密性。

四、表达生智

1. 根据提示完整地复述阿基米德的思维轨迹。

出示：眼看着罗马帝国的军舰________，在这千钧一发之际，阿基米德发现________，发现________，发现________，便有了智烧敌舰的主意，指挥人们________，利用________的原理成功击退了罗马士兵。

【设计意图】 在讨论整理出智烧敌舰的客观因素的基础上，引导学生从阿基米德的角度出发，推导阿基米德的思维过程，这不仅能加深学生对于智烧敌舰这一方法和阿基米德品质的理解，同时也使学生学会换一个角度思考，使他们的表达和思维更加严密。

2. 总结。

【思想穿行】 初读启智——品读悟智——释疑得智——表达生智

智慧语文就是让学生在语文课堂学习中，通过自主学习实践活动，在自我阅读的前提下，由思生疑，合作探究，并通过不断地拓展想象提高学生的理解能力和思维品质。因此，智慧语文应该有其独特的阅读教学模式：初读启智——品读悟智——释疑得智——表达生智。

1. 初读启智。在课堂导入阶段，教师要针对文本运用不同的方法，如：图片、音乐，甚至小故事等，让学生对学习内容或者对象产生兴趣，由浓厚的兴趣衍生出强烈的求知欲，由此学生的好奇心便会引发各种各样的疑问，而这些疑问都是学生思考的结果，都是有价值的。当学生带着问题进入文本的整体感知时，他们边读边想，会对文本产生初步的感受，这是学生最直接的个人感悟和理解，可能比较粗略，也有可能产生偏差，这时教师既要尊重学生个体体验，同时也要适当地加以引导。

2. 品读悟智。在品词析句时，教师要给他们创造一个安静的环境，感受作者的表达和情感。同时，也要舍得花时间：一是要给学生细细品读的时间，允许学生在一遍读不懂的基础上多读几遍，所谓“读书百遍，其义自现。”二是要舍得给学生思考的时间，有些看似艰涩难懂的表达和作者的弦外之音要让学生静心思考，由此调动学生大脑深处已有的学习经验，并加以运用，形成一定的阅读策略。

3. 释疑得智。学生在阅读课文后，可能会产生不止一个问题，其中有的问题是略作思考可以自行解答的，而有的问题是自己能力范围之外的，因此教师要提供学生一个合作学习的平台，并且营造热烈和谐的讨论气氛，使学生在合作学习时能不断借鉴同伴的想法，或者是有理有据地判断同伴的意见，从而完善自己的思维方式。

4. 表达生智。在此过程中，教师要鼓励学生表达自己的想法，也要不遗余力地关注学生的表达形式和表达内容，并及时纠正不规范的表达。只有这样才能促进学生主动积极的思维活动，加深对课文的理解、对情感的感悟，尊重学生的思维角度和方式，提高学生的语言表达能力，展现学生个性。

【精彩瞬间】 激烈的争论，迸发智慧的火花

三年级第一学期《智烧敌舰》教学片断：

师：阿基米德最后说：“我有什么本事？是太阳帮了咱们的忙……”这句话你同不

同意?说说为什么。

生:我不同意阿基米德的观点,我觉得用“智烧敌舰“的方法赶走罗马人完全靠阿基米德,他在危急时刻镇定自若、足智多谋,想出了这个巧妙的办法打败了敌人。

生:我不同意你的观点,我觉得阿基米德说得对。如果那是个雨天,怎么能利用太阳光的反射来智烧敌舰呢?

生:对啊,其实不光是太阳帮的忙,还有许多东西也帮了阿基米德的忙。

师:还有哪些东西也帮了阿基米德的忙呢?再看看课文,四人小组讨论讨论。

(讨论后)

生:有容易燃烧的桅杆和布帆,还有非常多的镜子……

师:还有什么也帮了阿基米德的忙?有没有补充?

生:还有当时风很大,使军舰燃烧得更快。

生:而且当时敌舰已经很近了,如果远的话用镜子也没办法聚焦的。

生:还有那么多希腊人的信任。如果是我叫他们去拿镜子并且“一字排开”,谁会理我?

师:这就叫做“天时地利人和”。

生:我觉得功劳应该归阿基米德,因为在场的人那么多,其他人怎么就没想到利用那些现成的条件呢?

生:我觉得阿基米德尽管很聪明,知识那么渊博,他还说是太阳帮了他们的忙,真的非常谦虚!

师:那也就是阿基米德的智慧,再加上希腊人民的信任和帮助,以及客观燃烧敌舰的有利条件,使希腊人打赢了这场以少胜多的战役。

学生们自由发表不同的观点,在讨论中一起寻找智烧敌舰成功的主客观的因素,互相补充,不断完善,将课堂气氛推向了高潮。

(单雯雯)

动感音乐：让童心在课堂中自由翱翔

法国教育家楞思多恩说得好："我们认为教学艺术不在于传授的本领，而在于激励、唤醒、鼓舞……"课堂应向每一个学生敞开热情的怀抱，点燃每一个学生智慧的火花，激活学生的思维，释放他们的活力和朝气，让童心在"动感"的音乐课堂中自由翱翔。

【灵魂渗香】 动感音乐：让童心在课堂中自由翱翔

【课堂全景】 《理发师》

【思想穿行】 导入激趣——新歌学习——合作表演——大胆感悟

【精彩瞬间】 用"动感"把握音乐元素

【灵魂渗香】 动感音乐：让童心在课堂中自由翱翔

教师教几年下来会发现这样一个现象：从一年级到五年级，随着年级越高，课堂就越发不活跃。孩子的天性其实是好动的，如何让学生在课堂上真正“动起来”，活跃起来？如何让学生在充满动感的音乐课堂教学活动中去感受、体验和表现音乐，从而让我们的音乐课真正被学生接受并喜欢？如何设计“动感”的音乐课堂？笔者将从以下三个方面谈一谈。

一、聚焦教材，寻找“动感”音乐元素

在我们的音乐教材中，学生对于欢快活泼的歌曲和朗朗上口的歌曲都是比较感兴趣的。一部分歌曲，带有显性的“动感”音乐元素，学生初听就很喜欢。教师只要注意有效的方法引导，动情地示范，学生就很容易投入到歌曲中来。还有一部分歌曲学生刚接触容易出现不屑情绪甚至抵制情绪的，如：抗战时期的歌曲、戏剧类的音乐等等，它们以深刻哲理和丰富内涵“取胜”，可以称为“隐性教材”，此类音乐元素由于离学生现在的生活年代较远，学生一时很难接受。那如何让此类音乐也成为学生乐于接受的“动感”音乐呢？相比之下，此类教材的“技术含量”更高，需要教师通过自己的独到分析和讲解，才能将其中内涵释放出来。例如：在《只怕不抵抗》唱游课中，我先用学生熟悉的歌曲《闪闪的红星》结合对同名电影片段的欣赏与介绍，以音乐故事的方式向学生展示少年英雄潘冬子的整个成长过程，继而学习新的歌曲《只怕不抵抗》，在此过程中，激发学生回忆还有哪些小英雄？并以相应的扩展知识，来揭示中国革命的胜利来之不易的教学目标。最后，进行课堂小结，通过革命传统教育让学生对革命先烈事业有所

了解，引导他们向革命前辈学习，做共产主义的接班人，升华道德情感，从而揭示我们今天的幸福生活是由无数英雄前辈不怕牺牲换来的，激发学生珍惜美好时光、发奋学习的课程主旨。

所以，不论是教材中的哪一课，教师都应该在课前认真琢磨，把这节课的“动感”音乐元素充分挖掘出来，让学生乐于接受、甚至爱上这一课。

二、优化方法，激发“动感”音乐课堂

苏霍姆林斯基曾说：“课上得有趣，学生就可以带着一种高涨的激动情绪从事学习和思考，对面前展示的真理感到惊奇，甚至震惊。”如何让学生感受这节课的“趣”，这就要求教师运用富有情趣的教学方法和教学手段来激发学生参与的积极性，最终形成“动感”音乐课堂。

1. 游戏教学法

不仅小学低年级，甚至可以说整个小学阶段最受学生欢迎的教学方式就是游戏教学。在游戏教学过程中，学生可以通过实践活动达到提高自我认识、自觉辨别是非并获得相应能力。例如：可以在多个课程中设计“传声音”为主题的游戏，加深学生对节奏、节拍等知识技能的掌握，同时进行思想品德教育。该游戏的规则是：以教室内学生排列的行或列为单位，第一个学生把听到的节奏传给后面的同学，以此类推，直到最后一个同学反馈给老师。胜利的或失败的要讲述其原因，教师要不失时机地引入“团结协作才能获得成功”这一德育话题。又如：在新课教学前，教师可以设计几条节奏模仿练习，教师拍一条，学生听完后要在小组长的带领下讨论模仿，讨论好的小组要第一时间一起举手才有资格展示，集体展示对了可以集体加分；在一个小组展示的过程中其他小组说话或嘲笑他人的行为将取消接下来的游戏活动。学生对于这样的游戏活动非常喜欢，每次都很积极参与，课堂教学井然有序。这些游戏活动，一方面避免了枯燥的知识讲述，另一方面让学生在愉快的心境下接受德育教育，乐而不疲，课堂充满着和

谐的“动感”元素。

2. 比赛促学法

好胜心强是学生的主要性格特点之一,教师要善于利用这一性格特征,让孩子们主动在课堂舞台上“表演”,实现教学目的。我在每次上音乐课时总是激励学生上台演唱,对大胆的学生准备了贴纸、小五星来奖励,取得了事半功倍的效果。在音乐教学中学生学习乐理知识感觉比较乏味,在学生认枯燥的力度标记时,我采用分组抢答的形式,以表演的比赛环节来争夺星级奖励,从而营造了一种愉快、和谐的教学氛围。

3. 情境教学法

情境教学法是遵循反映论,充分利用形象,创设具体生动的场景,激起学生的学习兴趣的一种教学法。比如:上课开始,我们可以运用讲故事、猜谜语等方式引导学生感受新课,或者用造型创设一种情境,让学生直观地感受新课的画面。又如:在歌曲教学中,有的艺术形象是学生所没有接触过或难以体验的,为了使学生能准确地感受所唱歌曲的艺术形象,可以通过图画再现情境,引起学生的共鸣。如:在教《草原就是我的家》时,教师搜集所有关于蒙古族的风土人情的图片,给学生创设情景,音乐一起,教师挥起小马鞭,手舞足蹈。学生个个情绪高涨,任思绪跨越时空飞向内蒙古大草原,情不自禁地随教师挥起小马鞭。学生深刻感受到歌曲的思想内容,牢牢把握住了歌曲的艺术形象,把自己融合在歌曲意境中。

4. 角色扮演法

在适当的时候让学生自己当小老师,会起到事半功倍的效果。我经常会让学生当小老师,以鼓励她们的积极性。比如:在《我们爱国旗》一课中,学生在基本会唱的基础上,我提问:“还有哪句你不太会唱呢?”有学生举起了小手。我并没有自己示范让学生跟唱,而是请会唱的小朋友当小老师教一教不会唱的学生。于是,学生马上来了精神,踊跃地举手当小老师。又如:在学完歌曲的基础上我让学生自己创编舞蹈动作,也是请编的好的学生当小老师教大家跳。学生的热情高涨。这些方法不仅激起了学生的学习兴趣,而且实现了二期课改中以学生为本,体现学生主体地位的教育理念。

三、绿色评价，提升“动感”音乐课堂

教育部出台的一系列文件中，明确指出评价体系要“促进学生全面发展”。笔者认为，“绿色评价”不等同于学期末统一标准下的“考核评价”，可以把“绿色”理解为“健康的、积极的、全面的”，也就是说学生的学习结果与学习过程中的活动表现与预期教学目标达成度的综合评价。绿色评价，更能提升“动感”音乐课堂。

1. 评价主体的“多元互动”

此方面主要指的是，在音乐教学过程中，大力扩展评价主体——除了教师之外，学生自身及其周围的同学和家长也加入评价者行列，从而形成各个方面共同参与的“交互评价”活动。如：在独唱、独奏表演过后，学生可以用自我评价的方式来阐述体验，同时也鼓励同学对其表现加以评价。此外，针对传统教育中的家长对子女音乐学习方面关注不够的问题，有必要以相关的途径引导家长参与和支持音乐教育活动，从而形成良好的家庭氛围。如：在教授完一首歌曲后，学生可以回家表演给家长看；学生学会用口琴吹奏某一乐曲时，回家吹给家长听，可以让家长参与对学生学习成果的评价，以便更好改进。通过这样的方式，学生对于音乐课更加积极认真，不仅能增强他们的自信心，而且能增进学生与家长的感情，使家庭关系更为亲密和谐。

2. 建立“音乐课堂评价记录表”

鉴于小学音乐教师课时量大、所教班级多的特点，可以采取建立“音乐课堂评价记录表”的方法来及时跟踪学生。具体办法为：在学期初，根据音乐课程总体目标来设计“课堂行为记载表”，之后在每一节课的开头或结尾来将学生平时学习音乐的情况加以记录——在此过程中仍然将“鼓励性”评价放在重要位置，突出显示学生做得好的方面，从而清晰地反映整个学期当中每一个学生的平时情况。也可以把班级分成若干小组，每一组配一个小干部（一定时间可以相互轮流），小干部专门负责记录小组成员的学习情况、参与活动情况等。用这些方式，不仅可以促进学生学习的积极性，还能形成

真实准确的评价原始资料和相关标准。

3. 创设舞台给学生展示自我的另类"考试"

每一首新歌学会后给学生创设一个"星光舞台",舞台采用唱、跳、奏、演等多种表演形式,以一人或多人、小组合作进行表演,教师给予学生一定时间,让学生自主排练。过程中,教师可以给学生一些启发与帮助,然后通过"星光舞台"的方式展现并相互学习、相互评价,评价根据学生表演的难易、较好或一般等情况得出评价结果。这个活动可以作为平时成绩的累积。

4. 教师课堂上的教学方式评价

于漪老师说过:"语言不是蜜,但可以粘东西。教师语言不是蜜,但可以牢牢粘住学生的注意力,引导他们在知识的海洋中扬帆远航,引导他们追求生活的真谛,奋然前行。"

课堂评价中,要结合学生年龄及心理特点,恰当而及时的评价能给他们无穷的学习动力,使教与学达到更高的境界。这就需要我们音乐教师的语言评价抛却单调乏味的"好"、"很好"、"你真棒"之类的词,需要让评价语言趋于更丰富准确、具体到位且幽默有趣。比如:在上课时教师可以说:"比一比,谁的小耳朵最灵敏?""你的歌声动听极了,像山谷的泉水一样叮咚清脆!"……学生听到这些话后,会很认真地听音乐,唱歌曲。而每次他们回答问题后,教师要及时给予肯定和鼓励,不仅是口头上的,还可以奖励一些小贴纸,这些方法针对低年级小朋友效果较好。对于高年级的学生,教师的语言要尽量优美又幽默,也可以多用时下流行的句子,如:"这组同学的创意真是独特,表演的节目很是高大上呀!""你们真给力,继续加油哦!"……教师的激励性语言,能让学生更自信,发挥潜能;诱导性语言,能让学生更快地明确评价的要素;而教师的目光、手势、神态等身体语言则能给学生更真实的成功体验,从而提升其积极性。

以"绿色评价"提升"动感"音乐课堂,让学生在学习生活中的每一个环节中都能体验到成功的快乐。

总之,为有效促进学生全面发展,教师有必要切实转变教育观念,树立以人为本的理念，将核心定位为学生发展，将教学过程和相关评价“并行化”，将多种策略相互配合，构建成实施促进学生全面发展的“动感”音乐课堂。

【课堂全景】《理发师》

教学目标：

1. 学生能用轻快、活泼的声音来表现歌曲的内容，引导学生领悟“劳动最光荣”的道理，树立“爱劳动”的意识，培养学生大胆表现的信心和与人合作的能力。

2. 通过合作表演表现歌曲，并以小组为单位为歌曲创编新的歌词。通过律动、吹奏、歌唱、表演等多种教学活动唤起学生学习的积极性与主动性，在体验中解决演唱歌曲的难点。

教学过程：

一、导入新课，动感激趣

1. 律动进教室。（音乐《劳动最光荣》）

2. **师：**今天，老师给大家带来一首歌曲，猜一猜这是一家什么店？

3. 欣赏歌曲《理发师》。

4. 出示课题《理发师》。

5. **师：**理发店的东西可真多，各种理发用品配上不同的节奏组成了一首儿歌，让我们加上动作一起来表演吧。

【设计意图】 导入新课前，用律动的形式，教师带领学生跳起关于劳动元素的简单舞蹈动作，让学生一下子找到动感的体验，激发学习的热情。同时，导入的主题与本课相一致。紧接着，儿歌表演，不仅嘴巴念儿歌，还加上肢体语言的表演，为“合作表演，动感课堂”环节埋下伏笔。

二、新歌学习,动感解惑

1. 复听歌曲

(1) **师**:理发店的老爷爷要开张做生意啦,一起去感受一下他的心情怎样?歌词里唱了哪些理发用品?它们发出了怎样的声音?

(2) 练声:

师:同学们想一想,为什么小剪刀的咔嚓声有高有低?理发时怎样才能一下就把头发剪断?是快速干脆的还是慢慢的?

(3) 喷雾:*沙沙沙沙沙——*

师:请看歌谱最后两小节,你发现了什么?

(4) 学习连音线。连接相同两个音的线叫连音线,最后的 do 唱几拍?

2. 再听歌曲

思考:一共有几句旋律?歌曲是几拍子的?

3. 学习节奏

方法:边拍边念,注意二拍子的强弱规律。

4. 学唱旋律

(1) 听师弹唱旋律,生心里哼唱。

师:请找出这首歌曲的高潮句?(或者你觉得哪一句最难唱?)

(2) 学唱第 3 句。

(3) 跟琴完整视唱旋律。

(4) 以小组为单位自学歌曲 1、2、4 句旋律。

方法:口琴吹奏旋律并唱熟旋律。

(5) 展示成果 1、2、4 句。

（6）师生合作。1、2、4句由学生吹奏，第3句师唱。

（7）完整视唱歌谱。

5. 学习歌词

（1）配上伴奏朗读歌词。

（2）加上动作朗读歌词。

（3）加上歌词唱一唱。

注意力度的变化。进行第3句和第4句的对比。

6. 多种形式演唱歌曲

（1）师生合作。

（2）生生合作。

（3）表演唱。加上简单的动作。

【设计意图】 歌曲中会出现很多难点，有节奏的、音准的等等，教学中利用生活中的元素与动作、演唱相结合，学生在动感的过程中轻松解决难点，学生能最大限度地通过自主学习来提高课堂效率。

三、合作表演，动感课堂

合作表演《理发店交响曲》。

方法：节奏儿歌表演、表演唱歌曲《理发师》、最后一句称赞。

【设计意图】 有了以上环节的学习，学生能更好地理解歌曲，表现歌曲，通过合作表演，把课堂气氛推向动感的高潮。积极引导学生参与音乐实践活动，鼓励学生进行音乐创造及相互间的合作，加深对生活的认识，提高学生的人文素养。

四、大胆感悟，动感理解

1. 师生小结，德育渗透，学生抒发情感。

2. 听音乐边唱边出教室。

【设计意图】 学生大胆想象和发表见解，把情感升华，从而更好地表现歌曲。

【思想穿行】 导入激趣——新歌学习——合作表演——大胆感悟

“动感音乐”,是在教学的过程中用动感的元素、动感的方法,充分调动学生积极性,充分感受和体验动感的音乐课堂。

1. 导入新课,动感激趣

导入新课前,用律动的形式,教师带领学生跳起关于劳动元素的简单舞蹈动作,让学生一下子找到动感的元素,激发学习的热情。同时,导入的主题与本课相一致。

2. 新歌学习,动感解惑

歌曲中会出现很多难点,有节奏的、音准的等等,教学中利用生活中的元素与动作、演唱相结合,学生在动感的过程中轻松解决难点,能最大限度地通过自主学习来提高课堂效率。

3. 合作表演,动感课堂

有了以上环节的学习,学生能更好地理解歌曲,表现歌曲,通过合作表演,把课堂气氛推向动感的高潮。积极引导学生参与音乐实践活动,鼓励学生进行音乐创造及相互间的合作,加深对生活的认识,提高学生的人文素养。

4. 大胆感悟,动感理解

学生大胆想象和发表见解,把情感升华,从而更好地表现歌曲。

只有在这样的一个动感的氛围中,才能让学生共同走进音乐,享受音乐带给他们的快乐。

【精彩瞬间】 用“动感”把握音乐元素

一年级第一学期第六课《玩四分音符》的片段：

在教学中要感知二分音符、四分音符、八分音符的时值长短时，可以先让学生们从生活中寻找节奏，启发学生。

镜头一：动作模仿感知音符。

模仿小羊叫、乌龟走×—；小狗叫、大象走×；小鸭叫、小兔跳×× ××等。再在琴上弹奏有×—、×、×等组成的旋律来表现各种动物的叫声或走路形象，使学生们在充满情趣的活动中得到形象的感性认识。然后，再让学生亲身感受音乐符号的时值。请一个学生先慢走，再用一般的速度走，最后跑步走。

镜头二：游戏律动感知音乐元素。

在教授学生认识音符时值长短时，我让坐在一起的学生两人边玩拍手游戏边念儿歌。这样，学生在游戏中不知不觉就接受了节奏训练，丰富了课堂内容，活跃了课堂气氛，同时加深了他们对音符时值长短的印象。

音乐中的很多元素都是抽象的，很难用一句两句的言语表达出来。在教学中，教师要根据学生的年龄、心理特征和接受能力认真选择，做到由浅入深、由近及远，把抽象的化为具体的，探索并设计充满“动感”的音乐课堂，让学生在音乐的课堂中自由翱翔。

（汤景瑛）

M-I-X英语：混合出英语独有的节奏

英语教学是一门艺术，混合的艺术。成熟教师会有自己较为固定的英语教学模式和风格，但是，在混合英语中，永远会有着一个新鲜活泼的未知元素X，因为这一点的混合而产生未知的惊喜和期待，让整堂课与从前不同，与他人不同起来。保留主流教学的重点因素(Main)，考虑自身特色及学生实际(Involve)，混合相应最适合的因素(X)，就是拥有独有节奏的混合英语。

【灵魂渗香】 M-I-X英语：混合出英语独有的节奏

【课堂全景】 4A *A visit to Rainbow Primary School*

【思想穿行】 导入新授 —— 语言训练 —— 巩固拓展

【精彩瞬间】 不期而至的精彩

【灵魂渗香】 M-I-X英语：混合出英语独有的节奏

英语教学是一门艺术，我们小学英语教学既要培养学生听说读写演的能力，更要培养他们学习英语的积极态度，建立学习英语的自信心。如何达到这一目标，各类学者、专家、教师众说纷纭，笔者认为，单一的一种教学理论、方法是不够的，英语教学应该是一种混合的艺术。

混合（M-I-X）是一个比较宽泛、又比较模糊的界定，不同的学者对其有不同的定义，笔者比较同意黎家厚教授的定义，即：通过选择优化和组合所有的教学要素，从而实现教学目标。同时也指教师和学生在教学活动中，将各种教学方法、模式、策略、媒体、技术等按照教学的需要娴熟地应用，达到一种艺术的境界。笔者结合自身多年的教学，将其理解为：保留主流教学的重点因素（Main），考虑自身特色及学生实际（Involve），混合相应最适合的因素（X），从而形成 M-I-X 英语，即混合英语教学的风格。

一、M-I-X英语的核心观点

1. M：Main，保留主流教学的重点因素

首先，我认为要支持当前主流的英语教学理念，任何教学理念的兴起和流行都有其相应的时代背景，使之成为在当前时代相对而言最具优势的引领者。比如，近年来上海小学英语教学中推广的应用性阅读教学，强调文本再构、单元整体推进、单课落实，突出以文本带动句型，句型带动词汇。这一理念在全球化日益加速这一大背景下，很好地引领了英语教学。因此，在我的英语教学中保留了这一主流教学的重点因素。

2. I: Involve,考虑自身特色及学生实际

每一种教学都有它的长处和缺点,从英语教学的实践看,任何单一的教学很难全面满足学生对掌握英语能力的综合要求。因此,我们要考虑教师自身的特色及学生实际将多种教学方法的有效成分汇集于某一教学的实践活动。拿朗读举例,自身喜欢朗读演讲的教师可直接示范带读,擅长发现孩子特长的教师可培养学生小老师,课件高手可以利用丰富的音频视频培养学生朗读能力。同时,不同年龄的学生特点不同,学生本身也有着不同的特征,甚至同一学生在上午下午的接受能力都会有不同,我们必须根据实际进行教学,才能有效 Involve 学生,使他们投入地学习运用英语。

3. X:混合相应最适合的因素

在学生不断发生变化,周围的社会、环境、科技等等因素不断发生变化的同时,我们不能只注重固定的 Main 的部分,而是要根据实际,不断地吸收接纳适应这些新变化,并加入与之相应的新元素,我把其称为 X,X 代表未知和一切可能,只要是合适的最优化的,就是应该学习和采用的。

二、M-I-X英语的表征

1. M-I-X 英语体现在教师

教师的发展是一个在自身原有的基础上不断接收和融入新的未知元素的过程。经历了多年的教学实践工作后,我们的很多教师已形成适合于自身个性特征的比较固定的教学方式,并积累了丰富的教学经验,对教材的处理有独到的见解,能关注学生的个别差异,有较好的教学效能感。可以说,成功进行教学的很多最重要的素养都已经稳定下来,这是我们需要保持的。与此同时,我们也容易出现专业成长过程中的“高原期”,要不断地吸收接纳适应这些新变化,并加入与之相应的新元素 X,而要达到这个 X 的吸收应用,教师就需要养成良好的学习习惯,在教学的过程中,要始终保持一种警觉,即自己的专业能力还有待加强,需要用心学习,全身心地投入到教育实践之

中,以便提升自己的专业水平。报纸、杂志、广播、人群都可以是新鲜的知识的来源,尤其是网络,更是源源不断的信息和灵感的来源,只有随时保持这个X的未知元素的加入,教师才是成长的,教学才是新鲜的,学生才会更有热情地投入到英语的学习中。

2. M-I-X英语体现在教学

教学方法的M-I-X。

应用性阅读教学很好地引领了英语教学。相应的比较主流的教学方法有文本的听说、对话的表演等,但是在小学低年级的祈使句教学中,我们依然可以使用全身反应法的游戏来提升学生的兴趣。在高年级的教学中,我们依然可以适当穿插翻译、造句等看似过时的教学方法,如果运用得当,对于提高学生的语言功底、培养良好的学习习惯和提高学生的自主学习能力将有很大的作用。看似枯燥乏味反复练习的跟读法,可被教师用来训练学生的正确发音及基本句型的识记。教师如果能对每种教学法采取谨慎求实的态度,将它们的优势结合起来,根据学生的实际需要和不同的教学目的,进行有效地选取和运用,那么这些教学方法将是课堂的点睛之笔。

教学媒体的M-I-X。

在当前多媒体作为我们课堂的主流的背景下,我们设计和共享了大量精美的课件,这是非常有效的教学媒体,我们提倡和保留这一主流,但纯粹的、反复地使用多媒体,也是一种单一,持续这种单一就会造成学生的疲劳,难以实现学生的involve,因此,我们要根据教学内容选择教学媒体。这里的X可以是任何适应教学内容的媒体,当我们进行调查采访活动时,一个话筒就可以模拟出让学生热情高涨的情境;当教学change时,板书和图片的结合就可以让学生体会最直观的感受,同时还拥有多媒体所不能拥有的优势:可以让学生参与互动,亲手设计各种随机的改变。而当教师本身具有扎实的英语语言功底和良好的表现力的时候,一段配合体态语的教师的演绎,对学生而言更是充满吸引力,其魅力常常是多媒体的播放所不能企及的。

教学技术的的M-I-X。

这里主要是指课堂的教学与网络教学、线上教学与线下教学的混合。世界的变化日新月异,互联网技术在教育上的应用已有了多年的尝试。在学校的课堂教学之外,包括各种网校在内的网络教育,把名师的课程、名师的视频等放在网上,各类网络电台常常集中了大量的民间英语高手的资源,让学生自由选择接受。教学资源如同信息一样,已经是随处可得,内容极其丰富,突破了教育资源呈现的时空局限。学生也许会苦恼于不知道该选择什么样的学习内容,不清楚什么样的学习内容适合自己,教师需要课内的一点指引,给学生明确自主学习的方向。近期兴起的慕课、cctalk 公开课等,更是形成了线上有效的教学和学习的沟通和交流,提供了个性化的授课提示与思考反馈,线上与线下的混合教学将使英语教学展现出一片全新的天地。

总之,教无定法,教师可以有自己较为固定的英语教学模式和风格,但是优化的未知元素 X 的混合教学模式,将是教学的亮点,是让英语教学保持活力和独特的最重要的元素之一。

【课堂全景】 4A A visit to Rainbow Primary School

教学目标:

通过学习 *A visit to Rainbow Primary School*,了解向嘉宾介绍学校的语句及礼仪,并能简单介绍自己的学校。

教学过程:

一、M-I-X 身边事,导入新授

1. Sing a song.

2. Daily talk:

Today, there is a guest in our school. Just like our school, there is a guest in

Rainbow Primary School too. He is also visiting the school. Let's have a look, OK?

（引入课题：*A visit to Rainbow Primary School*）

【设计意图】 利用校园中发生的随机因素作为X元素，导入新课，与学生情感产生共鸣，将学生前面活动的情绪自然引入这一课时。

二、M－I－X日常情，语言训练

1. Play the recording, think about where do the visit?

2. Learn the new words and phrases.

Show the visit around Rainbow Primary School.

3. Ask and answer some questions:

What's in the garden? What's in our garden?

What do they do in the computer lab? What do we do in our computer lab?

What's in the classroom? What's in our classroom?

How is it?

4. Read the whole passage.

【设计意图】 利用再构的文本进行整体感知，进行知识点的教学和情感教育的渗透，体现应用性阅读教学的思路，是当前小学英语教学的主流，也是我的教学中Main的主流因素的体现，把X的因素体现在我们自己校园对应的小细节。

三、M－I－X校园景，巩固拓展

1. The students do the role play.

2. Do the workbook page 48.

3. Homework.

【设计意图】 没有按照常规进行地点的变换，而是根据我们学校“明德”校训的实际，拓展了礼仪方面相关的内容，利用这一X因素，使学生更好地投入，更多Involve。

【思想穿行】 导入新授——语言训练——巩固拓展

英语的教学需要优化和组合教学要素，只有考虑到教师特色、学生学情等实际因素，加入因地制宜的 X 因素，才能在实现教学目标的同时达到一种艺术的境界。因此，“混合英语”课堂采取“导入新授——语言训练——巩固拓展”的教学模式。

1. 导入新授，根据话题选择 X 元素

导入新授部分是根据教学目标、教学内容设计，从学生的实际出发导入情境。上海版牛津英语的教材是根据话题设计模块的。教师在导入时可以根据话题设计一定的背景介绍、问答等。混合的未知 X 元素可由不同话题引入，可以是当前新闻中的热点，如在教学 moon、star 等词汇的一课中，结合航天的热点新闻，出示宇航员的图片与信息，学生将乐于看到最新的时事进入英语的课堂。也可以是校内发生的身边事，如教学 clothes 话题以教师和学生的穿着方式，会让学生因亲切熟悉而迅速进入英语的学习氛围。可见，X 元素因未知而产生了无限的可能性。

2. 语言训练，考虑文本确定 X 元素

语言训练部分是课堂教学的主要环节，这一环节将在很大程度上决定课堂教学的成败。基本模式为：先听文本音频初步感知，再听文本音频初步反馈，最后，出示再构文本创设教学情境，引导学生朗读体会，突破语言难点，进行重点句型训练。这一环节的 X 元素可以存在于文本中，如教学四季天气，教师以上映的卡通影片 *Frozen*（《冰雪奇缘》）作为背景的内容，这无疑会让刚刚看过这部影片的学生兴味盎然，而大热的卡通大片这一概念也能引起那些没看过此片的学生的兴趣。X 元素也可存在于一首歌、一个游戏、一个实物教具中。对当时的教学内容和学生实际结合，进行最优化的组合，就是有效的混合英语教学。

3. 巩固拓展，情感升华加入 X 元素

巩固拓展部分是课堂教学的一个不可缺少的重要环节，要引导学生把理解知识和巩固、记忆知识联系起来，并在拓展的过程中，通过实际应用、综合应用、文化渗透等多种方式来巩固情感态度，促使学生有深层次的思考和发展。通常的模式是引入一个新的文本，开展对话训练、阅读训练，进行扩散思维、跨文化学习等的问答，或是升华情感的小诗欣赏等。这一环节的 X 元素的发挥空间是最大的，教师可以因地制宜地混合教学方式、教学媒体，同时引导学生获取相应的线上资源，使英语教学真正成为一门混合的艺术。

【精彩瞬间】 不期而至的精彩

精彩瞬间一：

师：Today, there is a guest in our school.

生：Yes!!!

师：Just like our school, there is a guest in Rainbow Primary School too. He is also visiting the school. Let's have a look, OK?

生：OK!!

（引入课题：*A visit to Rainbow Primary School*）

临时舍弃了原先备课中预设的导入，本堂课的导入成了教学中当时最适合的 X 因素，因为本节课是上午第一节，在刚刚的升旗仪式上，学生向来访的韩国客人进行了展示，同时校长作了激昂的演讲，学生走进教室时还意犹未尽，沉浸在其中。利用这一因素导入新课，虽然只有简短的几句话，却迅速引起了学生情感上的共鸣，将学生前面活动的情绪引入过来，导入十分有效。

精彩瞬间二：

师：They are visiting the computer lab. They have computer lessons. We have computer lessons too. Look! Today, we have a Chinese lesson, a computer lesson, a PE lesson and a Maths lesson in the morning.（教师将学生的视线引到黑板一侧，即今日课程）

生：We have a Chinese lesson, a computer lesson, a PE lesson and a Maths lesson in the morning.（学生看着熟悉的课程课表，兴致盎然地进行今日课程的描述）

教学中原本一直在按照主流教学思路，用 PPT 展示，学生对此可能有些审美疲劳，利用学生每日都在看的课程列表进行穿插教学，虽然没有 PPT 鲜艳的画面，但这一变化反而使学生产生新鲜感，同时产生一种“学以致用”的自豪感。这一过程就是教学中的 X 因素，是在保留主流教学方式的基础上，根据班级实际情况，involve 学生的一次成功的尝试。

教无定法，教师可以有自己较为固定的英语教学模式和风格，但是优化的未知元素 X 的混合教学模式，将是教学的亮点，是让英语教学保持活力，拥有自己独有节奏的最重要的元素之一。

（钱海英）

原味英语：让学习像呼吸一样自然

英语作为一门语言，是供人使用的，而语言的使用是一种约定俗成的习惯。我们从小就会使用母语，这就是与生俱来的一种语言习惯。英语的学习，是人的语言本能的一种延伸和拓展。让它成为我们的第二母语，能够灵活运用、脱口而出，这将是英语学习的最高境界。所以英语教学要返璞归真，让学习像呼吸一样自然。

【灵魂渗香】 原味英语：让学习像呼吸一样自然

【课堂全景】 4B *The fox and the grapes*

【思想穿行】 情景导入——任务呈现——多元探究——活学活用

【精彩瞬间】 擦亮学生的思维之窗

【灵魂渗香】 原味英语:让学习像呼吸一样自然

在我的教学中,我主张让学生自然感知英语,自然学习英语,不能只凭"下苦工夫"死记硬背或机械重复,而应在语境中找到自我,说自己的话,走自己的路,学用结合,自然而轻松地学习,从而真正达到学习目的。自然的感悟是一个日积月累、循序渐进的过程,绝不是一蹴而就的。积极地创设原味的语言环境,进行有意无意的渗透,由浅入深的训练,可以挖掘学生潜能,为学生英语学习搭建切实可行的平台。

一、创设原味的语言环境,自然感知英语

环境在语言的学习中起着至关重要的作用。英语是一门语言,它只有在一定的语言环境中,才能被人们理解和接受。

1. 创设无意渗透的校园英语环境

面对刚刚起步学英语的小学生,教师要尽可能多地营造英语学习的氛围,引导学生在无意中自然实现语言的感知。

我记得在教一年级学生时,每天中午在学生吃好饭排队摆饭盒时,我就给他们放洪恩英语《三只小猪》,想不到他们每次都看得津津有味,不厌其烦。更让人惊喜的是,有一天,我突然听到学生在底下说:"看,接下去这些 pigs 要造 house 了。""嗯,big wolf 要来了。"马上有人附和着。另有人说:"我更喜欢看 three little pigs 去国外那集。"那一刻,我欣然微笑,心想,也许哪天我的学生做梦都会说出英语了。我们学校是一所对外窗口学校,环境优美,校内不乏温馨的英语小提示,在学生上下楼、排队出操、进食堂用餐的地方,都能见到,时间久了,自然能记上几句,挺实用的。在教室里摆放随处可

拿的英语卡片，课间随意用简单的英语跟学生聊天，鼓励学生积极参加每学期大型的英语学习周活动，制作英语小报、诵读英语儿歌、学唱英文歌曲、扮角色、演话剧等，这些都是无意的渗透。

2. 创设有意渗透的课内英语环境

课内英语环境主要体现在课堂教学的情境中。成功的英语课堂教学应当在课内创设更多的情境，让学生有机会运用已学到的语言材料。那么在课堂上教师怎样为学生创造良好的语言环境？我认为有以下几点：

其一，用学生可理解的英语组织课堂教学。课堂是学生能接触到的使用英语的主要阵地，教师课堂上使用英语授课能够为学生提供理解英语语言的机会，帮助学生学会用英语思维的习惯。以前看到刚毕业的大学生，有着深厚的英语功底，一进小学课堂，就用英语跟学生滔滔不绝，结果学生满脸的困惑，不知教师所云，课堂活动更是无法顺利进行。我仔细观摩过老外上小学低年级的课，简单的词句，配上夸张有趣的手势，一下子就把学生给吸引了。可见，教师应根据学生的年龄、心理等实际情况进行课堂语言输入，配以丰富的肢体语言和具有感染力的神态来帮助学生理解所使用的语言。

其二，在情境中理解所学语言。情境是无声的语言，在情境中学生能够自然地理解语言所表达的意义。英语课程标准指出："要让学生在真实的情境中体验和学习语言。"我认为英语教学应该在"真实"二字上下工夫，这样才能使学生真正学会和运用语言。只有当所创设的情境与学生的生活经验相符合时，才能激起学生的生活体验，使他们从各自的生活背景出发，迅速投入到所创设的情境中，准确地体验和理解语言。当然情境的创设既要新颖有趣，又要有实效。比如对 There be 句型的教授，可以通过多媒体出示一个摆放不同物品的房间，先让学生观察几分钟，再将画面切换为空白，以小组竞赛的形式，让学生凭记忆说出房间内物品的摆放，这样既可激发学生的参与热情，又能培养学生的记忆能力，使各个层次的学生都有一展身手的机会；同时由于相对性的原因，一种位置关系可有两种或两种以上的表达，这样学生练习的机会也多了，效率也高了，进而拓展学生的思维，因此，教师要善于运用、创设情境来进行教学，而不必使用过多的语言描述和解释说明语言所表达的意义。

其三，借助各类媒体，为学生提供地道的语言输入。原汁原味的英语对培养学生的语音、语调、节奏、语感至关重要，因此，我们在课堂上应恰当、充分使用音像资料，为学生提供地道的语言输入和训练。一些与教学内容相关的歌曲、歌谣和故事会对语言的学习和训练起到很大的促进作用。在上 *The fox and the grapes* 这篇课文时，我就充分运用了媒体，先让学生看课文动画，整体感知，再反复听狐狸的内心独白，小鸟欢快的语言，学生很自然地感受到了它们的心情，扮演角色时，惟妙惟肖、声情并茂。可见，地道、到位的输入，才会有自然的输出。

二、开展原味的语言训练，自然学习英语

英语不是一种学问，而是一种能力。英语能力不是研究出来的，而是训练出来的。如何开展原味的语言训练，使学生灵活自然地学习英语呢？结合平时的教学，我们可以进行以下训练：

1. 语感的训练

四五岁的儿童，使用母语时，并不懂语法规则，但已经能够熟练地说话，他所依靠的就是长期在语言环境中潜移默化自然形成的语感。语感是一种看不见、摸不着、言不明，但却实实在在存在的东西，英语语感对于英语教学和英语的运用起着重要的作用。学生通过英语实践而获得经验上的启迪，从而可以创造性地获得适合自己个性和学科特点的学习方法，进而能主动地学习探索，这既可以解决“教学生会学”的问题，也能解决“如何教学生学”的问题。

英语语感的培养是一个长期的过程，我们需要从小学生学英语的那天起就要有意识地耐心培养，逐步提高要求，以达到我们的教学目的。最方便有效的方法就是多听，听得越多，语感就越好，英语发音就越好听。我班上的小杜并不是一个英语学得出神

入化的学生，考试成绩也不是出类拔萃，但是他的英语发音很好，朗读课文溜得很，新单词一教就朗朗上口了。究其原因，是因为他喜欢听英语，更喜欢看英语的动画。每次放假前，我都会把下学期的课文动画发到班级 QQ 群，他妈妈认真地下载好，让他有空就听，使他形成了每天听读英语的良好习惯。

古语有："熟读唐诗三百首，不会作诗也会吟。"对于英语的学习，读得越好，就越能体会到句子的思想内容，当读到滚瓜烂熟时，文章的表达方法就会被学生消化和吸收，从而激发学生的情感，使他们产生对语言文字敏锐的感受力。在平时的课堂教学中，我经常创造朗读机会，如分角色朗读、跟录音朗读、梯度式朗读等，这样学生可以理解单词和句子的正确朗读。单词的发音正确了，句群的停顿注意了，英语的语感才会摸得着。

2. 阅读的训练

当你沉浸在阅读中时，书是美妙的，时光是美妙的，你也是美妙的。我喜欢看学生捧着一本读物，在一旁静静地阅读。当然对小学生来说，英语的阅读绝对没有语文阅读来得顺畅，但我们可以培养学生的兴趣，让他们养成良好的英语阅读习惯，为提升英语阅读能力打下扎实的基础。

想要学生喜欢阅读，先要找到那些内容有趣、难度适中、适合学生口味的阅读材料。教师平时要做一个有心人，注意搜集和每个单元主题有关的文章一到两篇推荐给学生。一开始老师可以和学生一起阅读，慢慢地老师可以放手让他们自己阅读，不要对阅读提很多的要求，让学生多读一些课文以外的文章来发展他们的阅读兴趣。比如在四年级学习了中国传统节日 the Spring Festival、the Dragon Boat Festival 的英语知识后，我找了国外的 Thanksgiving Day 和 Easter Day 两个节日，相关信息和学生一起阅读，发现学生对这两篇文章的喜欢程度不亚于课文本身。当然，我们在所选材料的难度最好有所差异，照顾到全体学生的阅读兴趣，不给成绩较差的学生造成更大的学习困难。文章可以选自报纸杂志、课外读物或网络。文章的类型既可以是故事型的，也可以是趣味型的、知识型的，又可以是谈论东西方文化差异的。记得在学了 *The fox and the grapes* 这则寓言故事后，我让学生自己去找浅显易懂的英语小故事，推荐给身边的同学，学生兴致高昂，选取了 *The Emperor's New Clothes*、*Little Red Riding Hood*、*A Little Horse Crossing the River*、*The Goat and the Goatherd* 等大家喜爱的故事。学生通过这样的阅读，很好地起到了巩固所学内容、拓展阅读视角的作用。

阅读不是简单的重复，它是逐步的递进过程。阅读需要一定的任务为驱动，需要老师巧设一些活动来引导学生主动地去实践。初读课文时，可以根据课文内容设计一些问题，这些问题可以是有关时间（when, what time）、地点（where）、人物（who）、事件（what）的。学生带着问题去读课文就会有一定的目的性，而不是随意地阅读。精读课文时，可以设计一些针对课文细节的判断题，并让学生试着去纠正，使学生对课文的理解加深一步。为了能更好地了解学生对课文的掌握程度，老师可以出一些以填空补缺等形式的题目让学生对课文进行复述，或是根据老师精心设计的板书复述课文。最后达到能脱离课本以讲故事的形式让学生把整个课文内容复述出来。这样一来，学生的说的能力得到了提高，语言的综合运用能力也得到了充分地发挥。

由于小学生的年龄特点，选读的材料有一定的局限，因此背诵和改编 rhyme、chant 和唱一些英语歌曲等也可以成为一种阅读方式。教师可以结合所教的内容提供一些给学生背诵和演唱，让他们根据自己的需要和兴趣来改编这些小诗和歌谣，这既是一种知识积累，也是一种阅读能力的体现。

3. 思维的训练

所谓思维的训练，是指教师为学生创设平台，让学生主动思维的一种训练。教师应该看重学生思维过程，观察其思维方式，发现其思维特点，挖掘他们的思维长处。平时课堂上可以采用以语言材料为载体的思维活动。

几年前，我曾在世界外国语小学听过一堂三年级的英语课，至今意犹未尽。整堂课，是一个思维的过程，语言训练随处可见。教师以 dinner 为话题，将语言训练的目标分为了四个层次：

第一层是：What do you think of the dinner?（以 brainstorming 对 dinner 作了大胆

的扩张,进行语言铺垫,引出话题)

第二层是:How is Tom's dinner?(通过表格、镂空对话等多种形式进行新词、句的教学)

第三层是:What will happen at last?(让学生感受到这是一次 special 的 dinner 后,给予他们想象的空间,大家畅所欲言,体现了真实的语言价值,又把学生思维调动得淋漓尽致)

第四层是:Who is special to you? / Which year is special to you? Tell a story: Something special to us.(出示不同图片,创设不同情境,适当拓展,进一步培养学生运用英语的能力)

这四个层次有着内在的联系,层层递进,设计显得立意清晰。从这个设计中我们可以看出,教师不仅将四个任务提前构设好,而且对每个任务的操作方法也进行了预设,体现了课堂教学语言训练的有序性,也充分挖掘了学生的英语思维能力。

The fox and the grapes 一课,我同样注重学生的思维训练。在学生通过朗读、回答问题、表演故事等方式对文本有了一定的感悟后,我抛出了一个看似很简单的问题:The fox says: "Those grapes are sour. I don't like those grapes." Is it true? Why? 学生不假思索,一下子说出了那句俗语:"吃不到葡萄说葡萄酸。"同时也可以深刻地领悟到"自欺欺人"的寓意。为了让课堂更生动,活跃学生的思维,我向学生追问:"If you are the fox, do you want to eat the grapes? And how can you get the grapes?"学生积极参与,争先恐后地各抒己见。其中有一位学生说:"I can make friends with the bird."我马上捕捉到这个想法的妙处,便进一步追问学生:"If you want to make friends with the bird, what will you say or do?"学生又进一步展现了他们的想象才能和语言天赋,呈现出各式各样的回答,如:"Dear Miss Bird! You are so lovely. Can you help me? Thank you very much!" "Miss Bird, the grapes are high. I can't eat them. I'm very sad. Help me, please!"等等。当课堂真正成为孩子自己的课堂时,他们的语言就会像河流一样自然地流淌。在我让他们对前后两只狐狸进行比较时,他们很快能领悟其

中的寓意 We should make friends around us and help each other.

当然，所有这一切的模仿、表演、探究和想象都是建立在语言的基础上的，只有课堂上教师不断地营造氛围，进行启发、引导，运用不同层次、不同方式的训练才可以达到所期待的目标，学生才能将语言的习得自然而然地运用于交际中，学用结合，取得最佳效果。

学英语就如学游泳一样，学生必须泡在水中，而不是偶尔沾沾水，需要潜到水里去。只有这样，他才能像一个熟练的游泳者游得开心，学得自在。当英语学习像呼吸一样自然，其中的乐趣定是无穷的。

【课堂全景】 4B The fox and the grapes

教学目标：

1. 初步学习动词的现在分词，如 looking、eating 等，能用文中的主要句型复述故事。

2. 通过模仿、操练、探究等活动，使学生能在真实的情景中运用所学知识，做到学有所用，体会学习英语的快乐。

教学过程：

一、情景导入，自然激趣

1. Sing a song *We like fruit*.

2. Ask and answer: What fruit do you like?

3. Guess: What fruit does the fox like?

【设计意图】 通过歌曲、猜谜、自由谈话等活动，把学生的思想和情绪转移到英语学习上来。教师也要很投入地和学生一起演唱，用表情、动作、眼神和学生交流，使学生情绪高涨，兴趣油然而生，达到快速进入英语课堂的效果，同时为本节课的学习做好铺垫。

二、任务呈现，自然感知

1. Look and talk.

Describe the grapes: What are they? What colour are they? Do you like grapes? How are these/those grapes?

【设计意图】 本环节中通过描述 grapes，复习旧知，引出句型"These ... are ....""Those ... are ...."逐一叠加句式，培养学生运用英语的能力。

2. Learn the story.

(1) Show the questions.

① How are the grapes?

② What is the fox doing?

③ Where is the bird? What's she doing?

④ What are they talking?

(2) Look and listen.

(3) Answer the questions.

(4) Listen and repeat.

(5) Dub the film.

【设计意图】 学习故事是本节课的重点。我先设计几个问题，让学生带着问题听故事，在了解了故事的大意后，再通过模仿录音，体会故事中主人公的内心情感，最后为影片配音。这样，既培养了学生良好的语音语调，又为下一环节表演故事做好铺垫。

三、多元探究，自然体会

1. Read by oneself.

2. Fill in the blanks.

3. Tell the story in your own words.

4. Act out the story in group of three.

5. Show time.

【设计意图】 通过让学生自由朗读课文，根据故事内容进行填空，丰富文本，加深对故事的理解。分角色反复朗读，最后三人一组表演故事，使听、读、演有机结合，使学生自然体会寓意。同时培养学生合作学习的能力，提高他们学习英语的积极性！

四、活学活用，自然流露

1. The grapes are the same. The fox says the grapes are sour. But the bird says the grapes are sweet. Why?

2. If you are the fox, how can you get the grapes?

【设计意图】 设计问题启发学生思维，不仅巩固了对故事的理解，又让孩子学着思考：如果你是那只小狐狸，你会怎么办？问题会促进学生动脑思考，提高学生在实际生活中解决问题的能力。也让学生明白换种思路、换种行为，可能会获得不一样的结局。当学生将语言的习得自然流露于交际中时，才真正体现了学用结合的教学目标。

【思想穿行】 情景导入——任务呈现——多元探究——活学活用

语言要在尽量接近自然的语言环境中学，才能取得最佳效果，原汁原味的英语需要自然环境习得。“情景导入——任务呈现——多元探究——活学活用”教学模式把学生、教师和教学内容、方法以及学习环境自然地融为一体，充分挖掘蕴藏在学生潜意识中的知识，形成开放的、可持续发展的课堂。

1. 情景导入，自然激趣

在英语课堂中，采用歌曲、猜谜、自由谈话等方式导入，可以很好地激发学生的学习兴趣，使他们轻松主动地学习知识。“导入”要自然、实在，激发学生的活力，直接吸引学生，让他们带着热情和好奇心驶向知识的汪洋大海。

2. 任务呈现，自然感知

“任务呈现”是为了让学生感知所学的内容，帮助学生在活生生的自然语境下完整感知文本大意，可以借助多媒体进行有效的整体呈现。不同的教学内容，对不同学习层次的学生所采用的呈现方法应该有所不同。

3. 多元探究，自然体会

“多元探究”是关键，能帮助学生更有效地体验、理解、感悟和实践语言，灵活自然地学习语言，探究不应只是机械的模仿、背诵、套用等，而应是思维的广度和深度的训练，因此，教师要吃透教材，了解学生实际，找准发散思维点和发散方向，把握发散的深度和广度。引导学生与他人合作，学会沟通，学会互相理解和尊重，学会分享知识与资源，让学生进入最佳的学习状态。

4. 活学活用，自然流露

何为“活学活用”，简单地讲就是让教学过程交际化，让语言学以致用，我们要做的就是创设自然的语境，贴切地输入语言，让学生有机会运用自己所学的语言材料，自然轻松地说出自己想说的话。

【精彩瞬间】 擦亮学生的思维之窗

四年级英语第二学期 *The fox and the grapes* 教学片断：

T：Can the fox eat the grapes?

S：No.

T：Why?

S：Because he can't fly.

S：Because the grapes are high.

T：The fox can't eat the grapes. Is he happy?

S：No，he's sad.

T：Yes，he's sad. And he says：'I like grapes.' Can you imitate the fox?

S：I like grapes. (Some students imitate the fox.)

T：Let's say together.

S：I like grapes.

T：And is the bird sad?

S：No.

T：The bird is ...

S：Happy.

T：The bird says ...

S：They're my grapes.

T：Can you imitate the bird?

S：They're my grapes. (Some students imitate the bird.)

T：Can you act?

S：I like grapes. They're my grapes. (act)

T：And the bird says：'These grapes are sweet.' The fox says ...

S：Those grapes are sour. I don't like those grapes.

T：Good. Imitate them in pairs.

T：Now let's listen and repeat.

S：(Listen and repeat.)

T：Good job. Look at the picture. Let's read together.

S：(Read together.)

T：The grapes are sweet and nice. The fox likes the grapes. But he says they are sour. He doesn't like them. He cheats himself. Do you like the fox?

S: No.

T: If you are the fox, do you want to eat the grapes?

S: Yes, of course.

T: Then how can you get the grapes? Do you have any good ideas?

S: I can jump to get the grapes.

T: The vine is very high, can you get the grapes?

S: No.

S: I can climb the vine.

T: The vine is so slim. But you are too heavy.

S: I can make friends with the bird.

T: Wonderful! If you want to make friends with the bird, what will you say or do?

S: Dear Miss Bird! You are so lovely. Can you help me?

S: Miss Bird, the grapes are high. I can't eat them. I'm very sad. Help me, please!

S: Miss Bird, Would you like to pick the grapes for me? Thanks.

T: The fox is so polite. If you are the bird, do you want to make friends with the fox?

S: Sure.

T: A perfect ending. We should make friends around us and help each other. Let's read "Don't cheat yourself. Make friends around us and help each other."

S: (Read together.)

原味英语讲究学习快慢有序、张弛有度，重积累与思维。学生只有真正走进学习的场景，才能在自然状态中感知英语学习的魅力和愉悦。本课中我创设的多为开放性的问题和场景，它们没有统一的、唯一的答案，学生可以从各个角度回答问题，注重他们思维的扩散性，让不同层次的学生都能发表他们的意见。这些开放性的问题要求学生联系生活实际，在做出简单判断的同时，挖掘更深层次的语言材料，并利用现有的语言知识整合输出，调动学生思维的积极性。这些开放性的问题点燃了学生主动探索之火，让学生把各种各样的想法都讲出来，让学生成为学习的主人，推动其思维的主动性，擦亮了学生的思维之窗。

（瞿红梅）

灵动美术：焕发生命活力的殿堂

“灵动美术”课堂是和谐的课堂，是充满活力、激情奔放的课堂，是闪耀着师生智慧光芒的课堂。教师在教学中关注学生主体的情感需求，着力建构开放的、充满灵动的课堂，给学生发挥主观能动性的时间和空间，以激发学生求知欲，开启学生在课堂上的活力，让学生把学习看成是一件乐事，当成是一种享受，使每个学生都能在快乐中得到发展。

【灵魂渗香】 灵动美术：焕发生命活力的殿堂

【课堂全景】 《彩墨京剧人物——关羽》

【思想穿行】 激趣导入——探究讨论——个性展示

【精彩瞬间】 在灵动中感受美术课堂的活力

【灵魂渗香】 灵动美术:焕发生命活力的殿堂

灵动,拆词为二是“灵”和“动”。“灵”就是课堂要灵活、灵巧、灵透,从而达到培养学生灵气的目的;“动”就是教学过程要自动、他动、互动、群动,从而师生身心俱动。灵动美术就是以学生活动为中心,一方面教师要从钻研教材开始,重视教学设计和课堂生成,把握稍纵即逝的教学契机,多层面提高课堂教学效益;一方面学生要在老师的精心设计和悉心引导下,主动融入教学情境,全面参与,深度合作,成为学习的主人,从而使每个学生都能在快乐中得到发展。所以,本着对“灵”与“动”的理解,我们的课堂应画上绚丽的“色彩”,注入生命的“活力”,要立足生活,超越课堂,让学生在学习中体验快乐,感受快乐,品味快乐。

一、师生在动态生成中灵动

要让学生喜欢美术,就必须要让学生从心里对美术产生一种需要。所谓需要,就是一种机体自身或外部生活条件的要求在大脑中的反映,是人的心理活动的重要动力。心理学、教育学认为:一切人的生存和发展都不能离开环境,儿童自出生后就会在社会生活、周围环境及家庭中生活成长。由此可知,绘画活动更离不开儿童的直接经验,他们的绘画内容来源于自然,贴近于他们的真实生活。了解这一点,就了解了学生的心理需求。而灵动课堂正是以师生情感为纽带、以兴趣为动力,课堂教学中表现出来的性情志趣,是持久的,也是稳定的。我们要以满足学生学习需求为基础,以提高学生学习兴趣和学习能力为目标,善于激发学生阅读、认知、理解、探索的兴趣,进而碰撞情感和思维的火花,努力创造和谐、民主、主动的教学效果。记得在一个一年级新班上，为给学生留下深刻的印象，体现学科特色，我为介绍自己精心准备了一番。师生问好后我将课前设计好的名字贴在黑板上，学生都惊讶地喊："好漂亮啊！"接着，下面出现一阵阵骚动："我要能写出这么漂亮的名字多好啊！"于是，他们开始拿起笔，试着在自己的本子上写着、画着自己的名字。面对学生的好奇心，我突然灵机一动，改变原先的教学计划，对同学们说："今天我们就来学习《漂亮的名字》。"学生各个手舞足蹈，拍手叫好。可想而知，这堂课是学生以满腔的热情在参与学习，自觉地积极思考，取得的教学效果十分明显。通过设计自己的名字，引发了学生无穷的想象，同时又激发了他们浓郁的学习兴趣，给学生带来了无限的快乐。实践证明，教学是双边活动。一节纯粹由老师编排的课，学生只能是被动地接受，既然是学生自己的美术课，当然要满足他们的需求，增强他们学习的乐趣和信心。

二、师生在良好氛围创设中灵动

营造良好的学习氛围是一节课成功的基础，也是学生进行有效学习的保证，是诱发学习兴趣最有效的手段。有了兴趣就有了学习的动力，学生的探究活动就有了保证。苏霍姆林斯基说过："在人的心灵深处都有一种根深蒂固的需要，就是希望自己是发现者、研究者、探索者。而在儿童的精神世界中，这种需要特别强烈。"学生的创造性思维，只有在积极主动的学习过程中才能得到最好的发展，因此，教师要善于创设一些特定的情境，激发学生的好奇心和解决问题的强烈欲望，诱发学生的创造动机，使学生投入积极的创造性的学习中。通过讨论、探索而得出结论，这样才能满足儿童与生俱来的探究的需要，提高主动获取知识的能力。如：在《叽叽喳》一课中，我运用影像播放了一段各种鸟生动有趣的画面，展现不同种类的鸟在自然界自由地飞翔、捕食、鸣叫、哺育后代……仿佛这些鸟儿飞进了教室。两者所形成的视觉和听觉刺激，很容易使学生投入到所学知识中去。在学生练习过程中运用音乐、图像的整合使学生受到美的感染，营造了美的氛围，创设了一个良好的教学情境。学生都非常感兴趣，在他们眼里，学习不再是单调的,在游戏和童话世界里也可学到许多知识。心理学告诉我们,学生的不随意记忆在小学低年级学生中占优势,他们对经历过的事物很难有理性的、整体的把握。因此,在《下雨了》一课中,让学生在教室中回忆下雨的情景,就不可能使他们对下雨有一个全面的认识与把握,无异于纸上谈兵,学起来也就枯燥无味。针对这种情况,我调整了《下雨了》这一课的教学:一是调整教学时间,在恰逢下雨时才教这一课。这办法看起来有点笨,但它可以让学生感受到真实的雨,亲切而形象,学生的学习热情大增。二是让学生走出教室,让他们到雨中去嬉戏、去体验,感受实实在在的雨,这对于他们来说是形象的,感受是深刻的,他们对雨中的形象充满表现欲望,这样就会主动、积极地去把雨中的感受画下来。其实,"在玩中学"、"寓教于乐"是新课程的理念,让学生在轻松愉快中掌握知识是师生的共同愿望。我们知道,爱动是儿童的天性,我让他们在雨中亲自去体验被雨点滴打在身上的那种清凉与惊奇,体验被雨淋湿的那种惬意与狼狈,更体验到了在雨中的欢乐与激情。实践证明,他们对"雨中抱头而跑"、"雨中忙碌的人群"等情形表现得很形象、很生动。因为在这种愉悦与激情中,他们的感知由被动变为主动,由呆板变为敏锐,久而久之,这种感知会成为一种心理需要,变成一种自觉。所以我们必须让学生主动地、充分地感知生活和环境,做到"心中有画",乐趣十足。

三、在师生互动中灵动

俗话说:"把手握住,里面什么都没有;把手张开,得到的是整个世界。"在美术课堂教学中,由于在长期形成的习惯性教学模式影响下,教条和经验在教学中起到了主要的作用,这种做法往往会变成程式化的教学,直接后果是课堂毫无生气,教学效果不明显,学生产生厌学情绪。而电视节目中的许多主持人在此类平等、交互式的活动中给我提供了很好的借鉴。而今各类综艺节目,以巧妙的编排、新颖的创意设计、观众的现场参与和良好的竞赛氛围受到广大电视观众的喜爱。这类玩物"上"智的娱乐节目和受到观众尤其是小朋友们喜爱的主持人就是一个个成功的范例，处在美术课程改革背景下我觉得可以从这些范例中受到很好的启发。有的电视节目在快乐的游戏活动过程中使参与者开阔了视野，整合了跨学科跨领域的知识，极大地激发了学生的创造性思维。他们的成功是他了解并尊重孩子们的感受和体验、需求和愿望，并在尊重的基础上爱护学生，了解和沟通学生的心灵。解开学生的心灵密码，是一切教育、教学活动的出发点与归宿点。这也正是我们每一位老师应该努力的方向。所以在《塑个浮雕小动物》一课中，我大胆地尝试了将正在热播的动画片《喜羊羊与灰太狼》中的人物角色与课堂内容相结合，利用羊村发生一件怪事为先导，激发学生求知欲，再利用不同的人物性格分析讨论，揭示结果，学生们在动画片的故事情节中学习着快乐着。

四、在学生个性展示中灵动

自信心对一个人来说是十分重要的精神支柱，也是人们行为的内在动力。他对一个人的成长非常重要。在传统教学中，以教师的“教”为主，忽视了学生的“学”，把教学过程“双主体”交互作用的活动变成教师向学生单向地传递知识的过程。在这种状况下，学生处于被动地适应教师教学，接受现成知识的“机器”，体会不到参与之乐，思维之趣，成功之悦。因此在美术教学中，要重视对学生的评价，激励不同层次学生学习美术，尤其对个别美术素质不佳的学生，或是身心有缺陷的特殊生，应多采用语言性和非语言性两者结合的评价形式，及时捕捉他们的闪光点。因为这些学生往往对美术怀有强烈的渴望，但在美术教学活动中羞于主动参与。所以，在美术教学中，不要忽视他们在美术表现中的任何一点微小的进步或任何一次参与行为，寻找一切机会表扬、鼓励他们，增强他们的自信心。为了激励学生大胆表现自我，在美术课堂上，我根据学生不同的特点，让他们在黑板上、实物投影上大胆地去表现各种物体，并及时地鼓励和表扬他们。结果表明，他们的快乐指数大大提高，自信心倍增。

总之，灵动美术教学应该从学生的角度出发，了解学生的心理需求，正确引导，让学生的心灵得到自由。面对充满灵性的儿童，构建灵动美术课堂，应该成为教师和学校共同的追求和使命。新课程背景下的美术课堂应当是学生灵动的思维场，使学生自由徜徉在思维的海洋中，如沐春风，如润春雨。灵动美术课堂，是充满教育智慧的课堂，是三维目标动态生成的课堂，在课堂的思维场中，每一个头脑都在不停地思考，每一名学生都能积极主动地发展着。

【课堂全景】《彩墨京剧人物——关羽》

教学目标：

1. 了解京剧人物关羽的造型特征，认识墨线墨色在人物画中的表现方法，初步学会运用笔墨表现京剧人物关羽。

2. 观察交流京剧人物造型的笔墨技法，分析京剧人物关羽的服饰变化和手脚不同动作，学生能用彩墨表现不同姿态的京剧人物关羽。

教学过程：

一、激趣导入，创设灵动美术

1. 学生欣赏京剧《汉津口》中关羽表演视频选段。

让学生猜一猜：京剧中的这位生角是谁？依据是什么？

2. 回忆关羽的经典故事，从中看出他是个什么样的人？

学生根据自己的课外知识回忆关羽的典故。

3. 揭示课题：《彩墨京剧人物——关羽》

【设计意图】 创设美术情境是激发学生学习兴趣、打造灵动课堂的有效手段，京剧中关羽表演视频将学生引入愉悦情境中，从而激发学生学习的热情和点燃学生创新的思维火花。通过交流关羽的故事，让学生进一步了解关羽。

二、探究讨论，深入灵动

1. 观察京剧舞台中关羽的造型特点。

(1) 回忆脸谱特征。

(2) 观察京剧服饰特点。

2. 观察关良作品。

(1) 发现关羽作品的特点。

(2) 找出关良作品中用笔、用墨的方法。

3. 关羽动态的探究表现。

(边示范边探究)

(1) 头和服饰三大部分的表现。

(2) 手和腿的动作变化。

(请两生上台表演)

(3) 添加大刀，胡须、靴子。

4. 学生练习表现动作，老师巡回，请学生介绍作品。

5. 渲染色彩。

(1) 比较两幅作品的色彩。

哪幅作品的色彩渲染得好？

(2) 师示范渲染色彩。

脸谱、绒球、衣服、花纹。

6. 落款要求。

【设计意图】 宽松的课堂气氛是灵动课堂充分展现的有利因素。通过观察，学生学习了戏剧人物的表现方法和不同笔墨的运用方法，培养了他们探讨问题和分析问题的能力。请学生演一演关羽的动作，吸引他们学习注意力的同时，也让学生通过直观的视觉体验深入了解了手腿动作变化的多样性。学生自身积累的经验相比教师单纯的理论灌输，更具说服力。

三、个性展示,展现灵动

1. 欣赏练习。

(1) 提出作业要求,让学生读一读作业要求。

(2) 欣赏优秀作品。

(3) 学生创作,教师巡回指导。

2. 展示评价。

(1) 分类展示作业,组织学生自评与互评。

(2) 根据评价要求评议同伴作品。

3. 教学总结。

拓展:欣赏其他不同的彩墨京剧人物表现手法。

【设计意图】 分类展示作品是培养学生学会自我评价的一种方法,鼓励学生对其他同学的作品进行评价,可以使学生学会怎么评画,充分调动学生的主动性和积极性。

【思想穿行】 激趣导入——探究讨论——个性展示

“灵动美术”课堂以激发“灵动”为主线,教师在教学中关注学生主体的情感需求,着力建构开放的、充满灵动的课堂。在“激趣导入——探究讨论——个性展示”这样的模式下,学生在老师的引导下获得主动发展,个性得以张扬,能力得以提高,思维得以发展,睿智得以体现。

1. 激趣导入,创设灵动

兴趣是学习心理中最现实、最活跃的因素,它能够成为学习的直接动力。激发起学生的学习兴趣,是灵动美术课堂教学的前提。要从兴趣入手,运用媒体调动学生的学习主动性,充分利用美术学科的特点优势来激发学生的学习兴趣。

2. 探究讨论,深入灵动

课堂氛围是师生共同在课堂上创造的心理和环境氛围。良好的课堂氛围能增进师生的情感交流,加强师生之间的互动,学生愿意更多地表达自己,深入灵动的课堂。考虑到学生对京剧人物服饰表面繁杂花纹和京剧服饰下人物动作的基本结构变化不了解的情况下,教师通过分步的示范指导,让学生初步理解京剧人物动态的不同表现。对于不同笔墨表现这个难点,引导学生探究画家关良的作品,并交流得出画戏剧人物的方法。在此教学过程中,老师的教学引导起到了很大的作用,课堂气氛宽松,学生思想活跃,他们的想象能力和探究能力得到了充分发挥,学生学会了发现与思考、探索与创造,在灵动的课堂中自由遨游。

3. 个性展示,展现灵动

教师对学生的作业设置了分层,可临摹教师作品,可对照图片画,也可自己创作,兼顾到不同学生的技能水平。在评价时,又进行了分层,抓住他们的闪光点,有的学生墨色表现不错,有的学生动态有创意,注重提高学生绘画的信心,力求让每一个学生都积极主动地参与美术教学,对美术的学习都有成就感。

【精彩瞬间】 在灵动中感受美术课堂的活力

四年级第二学期《纸卷造型》的教学片断:

1. 超级变变变(单个纸卷的想象)

师:请大家挑一个你最喜欢的纸卷说说:你的纸卷像什么动物?有什么特征?

生1:长纸卷像鱼的身体。

生2:粗的纸卷像大熊猫。

生 3：短的纸卷像螃蟹。

……

2. 我是神探柯南（找出三组纸卷动物的组合规律）

师：请你仔细观察，每一组作品都有它的创作规律，你发现了吗？

生 1：一个纸卷可以做成一种动物的身体。

生 2：不同的纸卷可以组合成动物的不同身体部位。

生 3：同一种动物可以用不同的纸卷组合成不同的造型。

3. 小试身手（组合纸卷的想象）

师：你会选择哪种纸卷？你想把它变成什么动物？

生 1：我选 1 号，我想把它变成小兔子。

生 2：我选 2 号，我想把它变成毛毛虫。

……

没有高昂的情绪怎么能激励人，没有主动性怎么能唤醒沉睡的心？灵动美术课堂中创设主动探索的氛围，让学生在学习活动中发挥自身的创造潜能，积极实践，在体验中感受美、创造美，使整个课堂灵动起来，从而唤起孩子们的主体意识，让他们真正成为课堂的主人。

（翁春花）

提问式教学:让儿童的思维跳起舞

数学,虽没有语文的神采飞扬、曲折动人,没有英语的异国风情、灵动浪漫,但其亦有打动人心的独特之美,如对称美、排列美、整齐美、简约美,更有激发学生思考,促进学生思维发展的神奇之美。学起于思,思源于疑。问题的出现可以使孩子们的思维跳舞,让他们尽情地去想象、思考和体会"条条大道通罗马"的神奇,去感受"众里寻他千百度,那人却在灯火阑珊处"的轻松,去寻找"山重水复疑无路,柳暗花明又一村"的成功。

【灵魂渗香】 提问式教学:让儿童的思维跳起舞

【课堂全景】 《乘乘除除(2)》

【思想穿行】 提出问题——探究问题——解决问题——学用结合——体验成功

【精彩瞬间】 在思辨中智慧成长

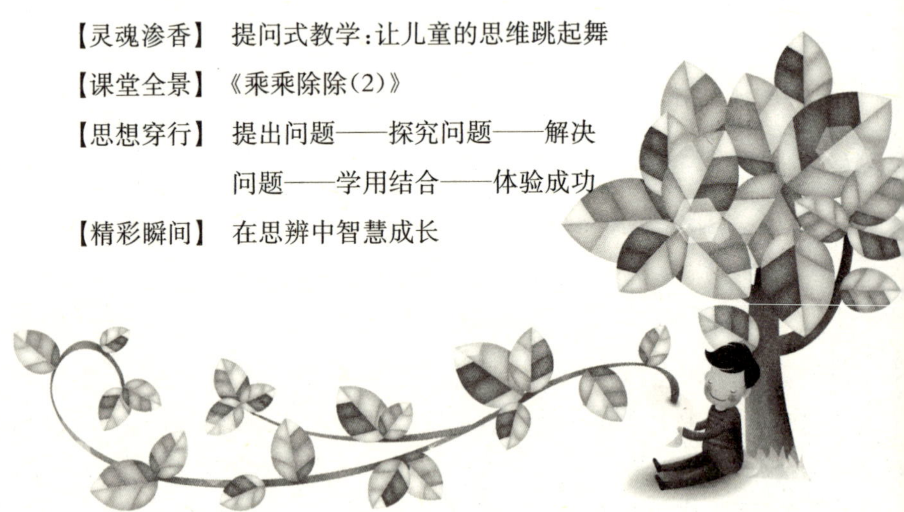

【灵魂渗香】 提问式教学：让儿童的思维跳起舞

爱因斯坦说："提出一个问题比解决一个问题更重要，因为解决一个问题也许仅是一个数学上或实验上的技能而已；而提出新的问题，新的可能性，从新的角度去看旧的问题，却需要有创造性的想象力，从而标志着科学的真正进步。"问题是思维的源泉，没有问题就没有思维的动力。《全日制义务教育教学课程标准（实验稿）》中也特别强调对学生进行问题意识的培养。它在总目标中指出："逐步学会从数学的角度提出问题、理解问题，并能综合运用所学的知识和技能解决问题。"培养学生敢于提问题、善于提问题的习惯和能力，是数学教师肩负的责任之一，也是评价数学教学质量的标准之一。提问式教学，需要教师精心设计教学活动，创造开放、民主、和谐的学习氛围，充分发挥学生的主观能动性，让学生通过自己的思考、质疑，提出有价值的、能激起强烈思维活动的数学问题，从而在亲自提问、自主探究、思维碰撞、问题解决的过程中真正体会到数学的精彩。

一、民主课堂，学生敢问

在数学课堂中，教师应该创设民主、平等的师生关系，营造宽松、和谐的课堂氛围。尊重学生的人格，保护学生的好奇心和求知欲，多给他们一些微笑，多给他们一些赞许，多给他们一些引导，多给他们一些帮助。一旦教师成为学生心灵与学习的支撑者，让学生真正感到教师就是他们的良师益友，那么学生在课堂上必定思维敏捷，激情勃发。对数学有兴趣的会越学越带劲，兴趣盎然，敢问新路；对数学兴趣不大的也会柳暗花明，情随日增，敢于尝试。可以说，民主的课堂、平等的关系、和谐的氛围、大胆的鼓励是学生敢于提问的前提。

学起于思，思源于疑。质疑是思维的导火索，是学生学习的内驱力。因此，教师要有意识地为学生创设情境，提供新知识下的“联络点”，引导学生主动产生发现疑问、提出问题、萌发猜想、逐步提高的价值。教学中，我发现一个好的问题能够吸引学生的注意力，他们会想方设法去寻求答案。在积极寻求答案的过程中，学生就会不断产生一些新的问题。如果学生对学习活动不感兴趣，就会表现出一种厌倦的情绪，那么就更不会有质疑问难的欲望。

二、巧设途径，学生会问

学生敢于提问了，并不代表学生在数学课堂上就能积极踊跃地发问。教师在备课时应认真思考，巧妙设计，为学生创造一切可提问的机会。

1. 预习思考

在教学新知前，布置学生预习的内容，并至少要提出一个与内容相联系的问题。上课伊始，教师检查预习情况，把有价值、重点的问题书写在黑板上。如：教学《乘乘除除(2)》时，教师可布置学生先复习《乘乘除除(1)》的内容，巩固除数是一位数的除法计算法则，梳理一下两步计算的应用题的解题方法和数量关系，再预习《乘乘除除(2)》的内容，引出提问：你能发现什么问题，提出什么问题？有什么特别不懂的问题？

2. 课题质疑

课题其实就是学习的重点，针对课题提问也是一个非常有效的方法。让学生从课题上提出问题可以使学生明确学习目标，学生提出的问题也有利于教师制定教学目标，有利于激活学生求知的内驱力，有利于增强学生的主体意识。如：教学《乘乘除除(2)》时，由学生自主提出两者比较快慢的方法，先让学生说说可以怎么比较，然后针对课题指导学生质疑：“对于比较方法，你还想知道些什么？”将提问的主动权交给学生，让学生主动求知，变“要我学”为“我要学”，同时也培养了学生提问的勇气和能力，养成爱提问、善提问的良好习惯。

3. 自学提问

思维的锻炼可以通过例题来演绎。数学不仅要让学生知其然，更要让他们知其所以然。如：教学《乘乘除除（2）》时，对于被除数相同的模型建立，可采取先学后教的方法，让学生自学例题提出不懂的问题，有的学生可能会提出：当被除数相同时，除数和商之间存在什么关系呢？通过问题展开讨论、思考，并由此获取新知。这种学习应该是深刻而有效的。

4. 练习发现

在学生做练习时，教师要引导学生提出练习中的难点，这样教师就可以有针对性的训练。教材中有许多例题或练习题都有“你能提出什么问题?”或“你还能提出哪些问题?”的提示。图文并茂的练习题，为学生提供了一个个与生活联系紧密的场景，在场景中又蕴含着一个个的数学信息，教师充分利用这样的机会，鼓励孩子们尽可能地在信息中发现数学问题。教学时，教师先让学生解决已经提出的问题，然后引导学生根据图中的信息，自己或小组合作发现、提出问题。解决问题时，让学生说说选择了哪些信息，为什么选择这些信息，再次经历收集信息的过程，内化信息，加深理解，从而提高收集信息、发现问题、解决问题的能力。

5. 总结生疑

教师做课堂总结时，要习惯性地留下点时间，让学生把今天所学的内容看看、想想，提出对本课内容还存在的疑点。如在学习了《乘乘除除（2）》以后，教师对学生说：“今天你学到了什么，还有没有什么问题?”有一个学生马上举手说：“老师，我想知道今天学习的规律在小数除法中有没有存在?”另一个学生也马上说：“在分数除法中也有这样的规律吗?”

6. 拓展辨疑

教学中，要注意更新观念，改变重“结果”轻“过程”的评价方法，更多地关注学生是怎样思考的，又是怎样计算的。让学生在深入讨论中产生新问题。讨论的过程实质是相互竞争、相互诱导、相互激活的过程，学生的创新思维和想象在讨论中一旦被触发，犹如激流奔放，可以形成汹涌的创新思维浪潮。如对习题一题多解、多题一解的讨论，可以拓宽学生思维的空间，激活学生从多角度、多层次去思考问题，从而迸发出创新思维的火花。

三、适度点拨，学生善问

学生有机会提问了，但由于思维、语言等各方面因素的限制，提的问题常常杂乱无绪，没有多大的价值，与内容联系不紧密。因此，教师在平时的教学中要不断指导提问的方法，让学生善于提出有价值的问题。要使学生逐步提高提问的质量，应注意适时总结，引导学生评价。让学生做到非“疑”不质，是“难”才问。

1. 引领示范

在教学中要有意识地让学生注意老师如何根据内容来提问的，教学生发现问题继而提出问题。如教学计算题时，教师可以从以下几方面提问并板书：(1)例题特征；(2)运算顺序；(3)运算结果，并多问些“为什么，怎么样”。在连续的几节计算题后，要求学生通过模仿提问，多次的模仿之后达到创造性地提问。

2. 时机把握

漫无边际的提问，不看时机的提问有时会扰乱课堂正常的秩序，因此教师要经常引导学生在知识的结构上提问，在知识的重难点处提问，在知识关键处提问，在知识的模糊处提问等。例如教学《乘乘除除(2)》时，在探究了“被除数相同，除数越大，商反而越小”这一规律后，有的学生提问：“老师，如果被除数是‘0’呢？”这问题提得很有价值。教师对问题提得好的同学要及时给予鼓励，并抓住疑点，让大家进行辨析，使学生带着问题去学习新知。求知欲望高，问题解决后，学生不但对此问题印象深刻，而且提问的兴趣也越来越浓。教师要鼓励学生对任何一个问题都去探索，或提出与众不同的看法，甚至提出其他学生或老师一时也想不到的问题，这是学会提问的关键。只要引导得法，学生就能有所发现，逐渐学会提问。

四、精致评价，学生乐问

任何一种良好习惯的形成，除了坚持不懈地引导，更需要真诚的赞美、热切的鼓励。成功的喜悦会让人不断地想要再次品尝喜悦的滋味，激发起强烈的自信心和进取心。首先，对学生的提问，教师都要对其表现极大的热情，不能置之不理或作简单的结论性回答。提升学生问比不问强的意识，要经常表扬敢于提问的学生。因此，教师的评价语言对学生是一种动力，不可小觑。在日常教学中，教师习惯性用诸如“很好”、“非常好”、“不是”、“不对”等语言。这样的评价过于强化对错，天长日久，学生的注意力会集中于教师想要的东西上。我们应该适当地多使用一些中性的、接纳性的或者探究性的评价。比如：“噢，这是一种有道理的思路，还有其他思路吗？”“这个想法不错，我们还能补充点什么？”“很好的注意，但是我们怎么知道……”等，有针对性地鼓励学生，满足学生的需要，激励学生不断探索。同时，建立提问记录册。在学生小组的评价中，组长专门有一项是记录组员的提问情况，每个学生记录自己提问的问题与次数，与学期的评定挂钩。

总之，无论学生提什么样的问题，无论学生提的问题是否有价值，只要是学生真实的想法，教师都应该首先对孩子敢于提问题给予充分的肯定，然后对问题本身采取有效的方法予以解决，或请其他学生进行解答。对于颇有新意的问题或有独到的见解，不仅表扬他敢于提出问题，还要表扬他善于提出问题，更要表扬他提出问题的价值所在，进而引导大家学会如何去深层次地思考问题。只有这样，学生才会对提问题有安全感，才能从提问题中感受到更大的收获，才会越来越爱提问，越来越会提问。

【课堂全景】《乘乘除除(2)》

教学目标：

1. 能熟练地进行除法计算，在具体情境中经历规律的获得过程，从中抽取出"除数相同，被除数大的商大；被除数相同(0 除外)，除数大的商反而小"的数学模型。

2. 能运用规律解决具体的生活问题，体会数学与生活的紧密联系，激发学生对数学学习的兴趣。

教学过程：

一、提出问题

出示比赛情境(课件出示)

	子浩	文超	小可
时间(分钟)	8	8	10
对题总数(道)	112	120	120

1. 你获得了哪些数学信息?(学生交流信息)

2. 根据这些信息，你能提出哪些问题?(预设四个问题)

子浩和文超比，谁快?

子浩和小可比，谁快?

文超和小可比，谁快?

三个小朋友比，谁最快? 谁最慢?

3. 确定问题：三人比，谁是第一名?

【设计意图】 从学生熟悉的计算达人竞赛的情景引入，直奔主题，问题情境具有一定的数学内涵，包含着大量的数学信息，有利于学生展开思考。伴随情境的营造，问题随之生成，学生自然会产生学习需求。通过对表格上信息的解读以及学生的自主提问，为下一环节——问题的解决作好铺垫。

二、探究问题

（一）探究除数相同时的数学模型

三个人直接比可能有些困难，那我们先两个两个的比，先来比较一下子浩和文超，谁快？你打算怎么比？

（四人小组讨论，并交流汇报。）

1. 不计算作推理

2. 列式比较

板书：子浩：112 ÷ 8 = 14（道）

文超：120 ÷ 8 = 15（道）

小结：时间相同，我们可以从总数上直接比较，也可以利用计算间接比较。

【设计意图】 在新课程标准下，教师以创设学生熟悉的学习生活情境为起始的数学教学，其目的是让学生感到数学与自己日常学习生活联系的密切性，激发学生的学习数学的兴趣，同时也有利于数学模型的建立，加深对数学模型的理解。

3. 探究数学模型

观察这两个算式，你发现了什么？

【设计意图】 数学模型具有典型性、代表性、概括性、理论性和指导性，它的应用范围较广。而实际生活中的“规律”，往往只是该数学模型的一个具体应用。所以在教学时，要引导学生从具体的规律中抽象出数学模型，为以后解决类似的问题找到解决方法。

4. 比较大小

87 ÷ 3○78 ÷ 3　150 ÷ 8○105 ÷ 8　132 ÷ 12○144 ÷ 12

（二）探究被除数相同时的数学模型

刚才我们只是比较了子浩和文超，再来比一比文超和小可谁做得快。

1. 不计算作推理

2. 探究数学模型

你能看出这里也藏了一个数学规律吗?

3. 比较大小

24 ÷ 3〇24 ÷ 4　160 ÷ 16〇160 ÷ 20　315 ÷ 315〇315 ÷ 314

【设计意图】 经历“探究除数相同时的数学模型”的学习过程,学生对于“探究被除数相同时的数学模型”比较容易理解了,所以我选择让学生自主探究的方式,通过交流,培养语言表达能力,学生若能有逻辑地表述自己的思维过程,说明已经把这个知识点内化和掌握。同时在合作学习的过程中,学习能力较差的学生可以从中找出差距所在,提升学习思维能力。

三、解决问题

三者比较:

从前面的比较中,我们都知道了文超最快,位列第一名,那么第二名、第三名呢?怎么比?

1. 推理比较

文超比子浩快,文超比小可也快,所以文超最快。

2. 计算比较

子浩:112 ÷ 8 = 14(道)

小可:120 ÷ 10 = 12(道)

所以子浩比小可快,他们三人从快到慢是:文超、子浩、小可。

3. 揭示课题

小结:从这个例子中我们可以看出,有些题可以直接比较,有些题要通过间接比较,这就是我们今天学习的新本领——乘乘除除(2)。

四、学用结合

1. 将下列算式先分列,再按商从大到小的顺序排列

① 87÷3　　② 324÷8　　③ 24÷4
④ 35÷5　　⑤ 610÷3　　⑥ 324÷6
⑦ 20÷2　　⑧ 196÷3　　⑨ 324÷12

2. 判断

78÷6>78÷7 ……………（　）

760÷9<960÷9 ……………（　）

★÷4>★÷5 ……………（　）

78×3>78×4 ……………（　）

【设计意图】 在探究新知结束之后，马上进行练习巩固，在练习的第一个层次——基础练习中，我先分类再按商从大到小的顺序排列，既能检验学生对所学规律的理解、掌握和运用情况，又能培养学生思维的缜密性，促使学生细致全面地审视问题，整体地解决问题，而不是盲人摸象般地囿于一隅，片面地解决问题。

五、体验成功

1. 变式练习

三家超市达能饼干的促销信息

	王子饼干	达能饼干	威化饼干
总价（元）	4.8	4.8	5.4
数量（小包）	6	12	6

2. 提高练习（机动）

这是一张晨锻记录表：如果先不计算，哪些同学可以放在一起比较呢？

	小亚	小巧	小玲	小胖	小丁丁
时间（分钟）	3	4	3	4	2
跳绳（下）	243	312	312	236	142

【设计意图】 数学来源生活，高于生活，服务于生活。通过生活实例，让学生回归生活，灵活运用本节课所学知识，解决生活中的问题，而且在解题的过程中孩子们会发现今天所学的规律在小学数学除法中依旧适用，增加学生学习的广度。由于学生之间是存在差异的，允许学生选择适合自己的学习方式，有利于提高学习的有效性，学生的个性得到不同程度的发展。

【思想穿行】 提出问题——探究问题——解决问题——学用结合——体验成功

提问式教学，既需要教师充分承担组织引导作用，又需要学生充分发挥主观能动性。故它也应该创建独特的教学模式：提出问题——探究问题——解决问题——学用结合——体验成功。

1. 提出问题

数学来源于生活，每一节数学课我们都努力创设学生熟悉的、生动的、有趣的生活情境，借助教材中提供的主题图创设生动有趣的教学情境，把抽象的数学知识与生活实际联系起来。通过引导学生观察汇报，营造出想提问题的心理氛围，为要研究的问题提供认知基础，当学生通过观察获得信息后，教师会引导学生从数学的角度提出数学问题。问题的提出形式多样，可独自提出，可讨论提出，可自主提问，也可带着要求提问。

2. 探究问题

问题提出后，给学生留出充足的空间和时间，让每个学生运用已有的知识和经验，自主寻找解决问题的途径、方法和策略，然后在组内交流，并形成初步的方案。在这一过程中，教师要参与到各组中及时撷取信息，适时引导调控。

3. 解决问题

交流方法是教师主导与学生主体有机结合的关键环节，教师的主要责任在于组织学生进行有效的数学交流，启动学生的思维，拓宽学生的思路，在方法的理解这一重点内容与难点内容上进行有效监控。

4. 学用结合

学生掌握了方法，还要在不断的练习应用中深化理解，才能切实掌握。在这一环节中，可以安排一些基本题，让学生用已掌握的知识进行解答，以达到巩固应用的目的；也可以安排一些发展性习题，让学生从不同角度灵活运用已有的知识解决问题，以拓展学生的思维。同时引导学生由课内向课外延伸，学以致用，解决一些生活中的实际问题，以培养学生的应用意识。

5. 体验成功

此环节依据教学目标和学生在学习中存在的问题，教师挖掘并提供创新素材，设计有针对性、代表性的练习题组（基本题、变式题、拓展题、开放题），让学生在解决这些问题的过程中，进一步理解、巩固新知，训练思维的灵活性、敏捷性、创造性，使学生的创新精神和实践能力得到进一步的培养与提高。

【精彩瞬间】 在思辨中智慧成长

三年级第一学期《乘乘除除（2）》教学片断：

师：同学们利用直接比较、计算后再比较的本领，轻松比较出了两个人的快慢，但是就在这两个算式中，还隐藏着一个更大的奥秘，观察这两个算式，你发现了什么？

生1：我发现除数都是8。

师：嗯，小眼睛真亮！还发现了什么？

生2:我发现这两个算式的结果相差8。

师:嗯,除了除数是8,被除数、商还有什么特点吗?

生3:我发现除数相同,被除数大,商就大。

师:说的真好,你发现了吗? 谁能再说一遍?

生4:我发现除数相同,被除数大,商就大,被除数小,商就小。

师:你们真了不起,发现了这一规律,老师写在黑板上。

生5:老师,我有一个问题,其他的除法算式也有这个规律吗?

师:你真是个爱动脑筋的孩子,这个问题提的真棒! 是呀,在其他除法算式中是否也有这样的规律呢? 如果想知道这个假设是否正确,你怎么证明?

生6:我们可以举一些例子来证明。

师:真有想法,那么就请每个同学自编两道除数相同的口算题,同桌互相解答,看看是否能证明你刚才的想法。

师:你们的例子是? 你们的结论是?

生7:老师我还发现,这些除法算式的除数不能是0。

师:同意吗? 你真是一个爱思考的孩子,对呀,在除法算式里除数都不能为0,否则这个算式就是无意义的,对吗?

师:还有其他想法吗? 现在能不能说这一规律是正确的?

小结:好,我们把这一规律写在黑板上:除数相同,被除数越大,商就大,被除数小,商就小。

数学课堂应该是学生绽放生命精彩的场所,在课堂上,学生通过自己的灵动思考,缜密分析,激烈争辩,在交流辨析中逐渐得到数学结论,孩子们亲身经历了规律的获得过程,在参与中动脑、动手、动口,方法得以巩固,思维得以发展,身心获以快乐!

(韩丹丹)

后记

历时一年，《上一堂灵魂渗着香的课》书稿终于完成。回想一年，从迷茫到如今初稿出炉，一路艰辛，一路收获。

建校8年，“点燃每位教师的发展激情，点燃每位孩子的成长激情，点燃每位家长的参与激情”的教育理念照亮了每一个教师的心灵。“点燃教师的发展激情”当然是学校发展的唯一出路。打造精品课堂，回归教育本源，《上一堂灵魂渗着香的课》一书的出版，也正是学校“价值目标引领下促进各层次教师的持续发展”课题研究的成果之一。

67篇第一稿还历历在目，老师们各自笔耕，却不得要领，因为做惯了教书匠；一次次下笔，一次次否定，从67篇到最终成稿的21篇，有人退缩，有人百折不挠。期间犹如经历人生百味：灵光闪现时，喜悦难抑；抓耳挠腮时，几欲放弃；被否定的苦楚；被认可时的幸福……“潮体育、慢语文、做数学……”，也许做法不一定高大上，但却闪现着教师教学智慧的光芒。

书稿的出版，最先要感谢的当然是上海市教育科学研究院的杨四耕老师。从教学思想的提炼，到书稿的框架，乃至排版、书名，种种疑问，次次碰壁，杨老师一一点化。杨老师用他的智慧为我们指点迷津，就像我们何哲慧校长讲的那样，杨老师最懂我们，最懂我们有什么、要做什么。也要感谢原上海市基教处处长倪闽景，他一如既往，关注我们学校教师的专业发展，我们和他非常有缘，在书稿整理过程中，他华丽转身为我们的分管区长，他鼓励我们说：正确教育价值观下多样化的教学主张是教师教育的核心价值和情怀。同时，对我们的教学主张提出了非常宝贵的指导意见。我们还要感谢本书的全体编委和积极撰稿的老师，他们梳理、总结，沉淀教学思想、精选教学案例，使本书顺利出版。

希望此书能为读者带来一缕馨香，我们也将继续前行，使课堂之灵魂历久弥香！

曹　阳

2015 年 3 月 2 日